人生の終《しま》い方

自分と大切な人のために
できること

NHKスペシャル取材班

講談社

はじめに

自分の人生がもう長くないとわかったとき、あなたなら何をしますか。
誰に何をのこしますか。あるいはのこさないですか。
私と一緒に考えてみませんか。

落語家の桂歌丸師匠（79）が高座の上からこう呼びかけて始まったNHKスペシャル「人生の終《しま》い方」。番組をご覧になった全国の方々から大きな反響をいただいた。

超高齢社会の日本では、今、お墓や遺影、葬儀の準備など、いわゆる「終活」が大ブームだが、「人生の終い方」はこうした段取りとはちょっと異なる。

それぞれの人が人生の集大成として、最後にどんな言葉をのこし、何をして人生をしめくくることがその人らしいのか、そしてのこされる人のためになるのか……。

そんな素朴な疑問を歌丸師匠が問いかけながら、視聴者と一緒に考える番組であった。

歌丸師匠は、この同じ日、人気長寿番組「笑点」の司会を勇退したばかりだった。「人生の終い方」では、まるで呼応するように歌丸師匠が進行役だけでなく、自身の人生の「終い方」——盟友と交わした約束を果たすために、命ある限り落語界を背負う決意やその奮闘をご紹介した。

また、2015年に93歳で亡くなった漫画家の水木しげるさんの意外な「終い方」や、家族に最初で最後の手紙を渡した団塊《だんかい》世代の父親、幼い子どもにどんな言葉で思いを伝えればいいのか悩み続ける35歳の父親、知的障害のある娘をひとりのこして死ぬわけにはいかないともがく90歳の母親など、それぞれの方の「終い方」をご紹介した。

そして、番組の最後を歌丸師匠がこうしめくくった。

「人生をどう終うかとは、すなわち、どう生きるかに他ならないんですね。人生の終い方は十人十色。これで決まりっていうのはありません。でも、一生懸命生きていればきっと誰かに何かをのこすことにつながるのではないでしょうか」

その言葉は多くの方の共感を呼び、放送後、NHKには20代から80代まで非常に幅広い世代から感想が寄せられた。

そもそも、「人生の終い方」が生まれるきっかけは、2012年の秋にさかのぼる。「終末期医療」について放送の枠を超えて横断的に展開できないか話し合ったことだった。集まったのは、解説委員や部長、プロデューサーなど40～50代の女性ばかり5人。全員が親の介護や看取《みと》りを経験していた。

日本と海外の終末期医療の違いや、延命治療をどこまですべきかといったことを議論していたが、話は自然と、それぞれが親の介護を通して感じたことや後悔、回復が望めない中で何が本人にとって幸せなのか悩んだことなどにおよんだ。

高齢の親世代やそうした親を持つ自分たちの世代が必要とする情報などを番組を通して発信できないか。話し合いを重ねるうちに、タイトルが決まった。それが「人生の終い方」だった。

当時、私の父親も脳梗塞《のうこうそく》で倒れ、なんとか命はとりとめたが、要介護となっていた。リハビリをしても体の機能は回復せず、車椅子の生活が続いていた。会話をすることも脳の刺激になると聞き、できるだけ父親と話をする機会を持つようにしていた。

戦争中に東京から疎開した東北での思い出、小学校の卒業式に出席するために戻って目の当たりにした東京大空襲の惨状、終戦直後の混乱期の苦しい生活……。毎回、思い出話は数時間におよんだ。

仕事柄、多くの方の戦争体験や生涯についてお話をうかがう機会があるが、自分の親がどんな人生を送ってきたのか、きちんと話を聞くのは初めてのことだった。

あまりにも知らないことばかりで、自分は親のことをいかに知らないか、今さらながら痛感した。かたわらで聞いていた母親にとっても、聞いたことのない話ばかりだったという。

その後、次第に容体が悪化していく中、父親は戦争中に疎開した東北の山の上にある先祖代々の墓にどうしても行きたいと言った。思い出深い「第二の故郷」。なんとか叶えたいと思ったが、もはや体力的に不可能だった。結局、願いをかなえられぬまま、父親は息を引き取り、私たち家族には大きな後悔が残った。

葬儀を終え、再び向き合ったのが「人生の終い方」だった。最初の話し合いから2年、企画は止まったままだった。

世の中では「終活」ブームが広がり、異業種からの参入も相次いで一大市場となっていた。しかし、亡くなる前の貴重な時間、本当にしたいことがもっとほかにもあるのではないか。旅立つ人にとってはそれまで言えなかったことを伝える最後の機会であり、のこされる人にとっても、その人をよりよく知る最後の機会なのではないか……。

そんな思いから、著名人が亡くなるたびに、どんな最後を送ったのか関心を持つようになった。

作家の丸谷才一さん（享年87）は自身の死期を悟り、長年かけて集めた蔵書など貴重な品々を、自分と同じくらいにそれを大切にしてくれそうな人に送り、生前の「形見分け」をしたという。受け取った人たちは戸惑いながらも、丸谷さんがその価値を認める人物として自分を選んだことに大きな意義を感じていた。

森光子さん（享年92）は最後の瞬間まで「女優、森光子らしさ」にこだわった。その姿は盟友の黒柳徹子さんの心に深く響いていた。

人それぞれに「生き方」があるように、人それぞれに「死に方」、すなわち、「人生の終い方」がある。最後の時間をどう生きるのか。最後の瞬間を誰とどこでどのようにすごすのか。「終い方」にはその人ならではの「生きざま」が色濃く反映される。

そして、その「終い方」はのこされた人の「生き方」、「終い方」にも影響を与えるのではないか。

「最期はどうしたいか」などと聞けば、「縁起でもない」と怪訝《けげん》な顔をされるだろう。しかし、話せなくなったり、動けなくなったりしてからでは間に合わない。元気なうちから考え、家族や大切な人と自然に話すきっかけにできないか。そんな思いから番組は生まれることになった。

その後、取材班には、身内の最期を看取った家族を多く取材してきた福田和代プロデューサー、高齢者の直面する厳しい現実を数多く取材してきた原拓也ディレクター、在宅医療のあり方を取材してきた池田誠一記者、結婚間近の堀内健太ディレクター、そして、妻を失った男性の再起を取材した経験のある森川健史カメラマンなど、20代から40代までの多彩なメンバーが加わった。

取材班も取材対象のご家族も「終い方」を伝える意義を共有し、それぞれのご家族が取材に応じてくださることになった。おひとりおひとりとの出会いによって、「人生の終い方」は重層的かつ広がりのあるものになっていった。

人生の最後という、極めて特別な時間を記録することにご理解をくださった方々、そしてご家族のみなさまに改めて心からの感謝を申し上げさせていただきたい。この方々のご理解なくして、人生最後の瞬間までどう生きるかという、深遠なテーマをお伝えすることはできなかった。

本書では、放送時間の都合で放映することができなかったそれぞれのご家族の言葉や思い、そして、ご家族がその後どうしておられるかなどもご紹介させていただく。

今、病と闘っている方やそのご家族にとっては、つらい内容もあるかもしれない。しかし、限りある命の一瞬一瞬を大切に生きる姿から、家族や周囲は本当に多くのことを感じ取り、その後の人生の力にしていることを、私たちは取材を通して痛感した。

「何かをのこす家族などいない」と言う方もおられると思うが、最後まで孤高の生き方を貫いた方の「終い方」もご紹介させていただく。

人生の最後、自分だったらどう「終う」か、大切な人はどう「終いたい」と望んでいるのか、静かに思いを馳せていただけたら幸いである。

2017年4月

NHK札幌放送局報道番組　チーフ・プロデューサー　天川恵美子

人生の終い方

自分と大切な人のためにできること

目次

第3章　団塊世代の父親から家族への最後の手紙　桑原誠次さん……73

第5章 障害がある娘にのこした常連客という応援団　高松ハツエさん……139

本書に登場する人物の年齢、肩書などは
取材当時のものです。

ブックデザイン……日下潤一＋赤波江春奈

人生の終い方

自分と大切な人のためにできること

本書は、ＮＨＫの番組「ＮＨＫスペシャル　人生の終い方」を書籍化したものです。

プロローグ――進行役の桂歌丸師匠も「終い方」を胸に秘めていた

歌丸師匠が「笑点」を勇退した日

「今日は歌丸デー」「局を超えたコラボ」……。

番組を放送した2016年5月22日、ネット上には、こうした書き込みやツイートが駆けめぐった。

NHKスペシャル「人生の終い方」の進行役は落語家の桂歌丸師匠。この同じ日の夕方、歌丸師匠は番組開始から50年にわたって出演を続け、10年前からは司会も務める「笑点」の司会を勇退していた。その数時間後にNHKスペシャルの放送はあった。

「非常にタイムリー」「さすがに、あてすぎでは」などの声があったが、実はまったくの偶然だった。4月14日に熊本地震が発生し、緊急番組などがあった影響で調整の結果、5

月22日の放送となったのだ。歌丸師匠の勇退はトップシークレットで、新しい放送日をHPで告知したあとで、私たちは歌丸師匠の最後の司会の日と同じであることを知ったのだった。

身を挺して病の危険を訴えてくれた歌丸師匠

そもそもなぜ歌丸師匠に、「人生の終い方」にご出演いただくことになったのか。

きっかけは、放送の2年前、ひとりのディレクターが「どうしても『クローズアップ現代』で伝えたい」という一本の提案書を書いたことだった。それはCOPD（慢性閉塞性肺疾患、Chronic Obstructive Pulmonary Disease）についてである。

主にタバコを長年吸い続けることで、気道や肺胞に炎症が生じて肺の働きが低下し、呼吸が困難になったり、最悪の場合、死にいたる危険もある病気だ。従来は慢性気管支炎や肺気腫《はいきしゅ》と呼ばれていたが、国際的な病名にあわせて日本でもこう呼ぶようになったという。

このディレクターの父親もCOPDで苦しんだ末に亡くなり、患者とその家族に同じ思いをしてほしくないと強く思っていた。

その訴えを受けて放送することが決まったが、耳慣れない病気であるため、多くの人に知ってもらうには、実際にこの病気と闘っている人の取材が必要だと考えた。誰もが知る人で、COPDの患者さんはいないか、そのディレクターに聞くと、「落語家の桂歌丸師匠がそうです」と言う。

歌丸師匠と言えば、入退院をくり返すたびにニュースとなって、みなが心配するほど老若男女誰からも愛される方だ。歌丸師匠がCOPDについて語ってくれれば、多くの人の理解につながるだろう。

さっそく、ディレクターが取材をすると、歌丸師匠はその5年前にCOPDと診断され、今も病院に通い、移動する際など酸素吸入器を手離せないという。

落語界の最前線で活躍する歌丸師匠にとって、病に苦しむ姿を放映することはイメージにかかわるのではないか……。周囲が気をもむ中、ご本人は「まあ、とにかく来てください」と言う。ディレクターは不安を抱えたまま撮影に向かった。しかし、歌丸師匠は「何でもあるがままに撮ってください」と快く応じてくれた。

このときの取材で知ったことだが、歌丸師匠は高座までわずか数メートルの距離でも、歩くと息が上がってしまうため車椅子で移動していた。しかし、高座に上がればまったく別人のように、1時間にわたって一切息が乱れることもなく、迫力満点で見事に演じきる。満席の会場からは割れんばかりの拍手が鳴り響いた。

しかし、幕が下りると、お弟子さんに支えられるようにして車椅子に乗り、楽屋へと急ぐ。途中、ディレクターが声をかけようとすると、「あとで」と苦しそうに手で合図する。すぐに酸素吸入器をつけ、しばらくして呼吸が落ち着いたところで、ようやくインタビューとなった。

「動くと息苦しくなっちゃうんですよ。鼻をつままれたまましゃべっている、動いているような感じでしてね」

歌丸師匠の体を心配して楽屋までついて来ていた妻の冨士子さんも「大変ですよ、見ていても。一日中、寝ている間も酸素吸入器をつけていなくちゃならなくて」とつけ加える。

歌丸師匠が体の異変に気づいたのは10年ほど前。空咳《からせき》が出て痰《たん》がからむなどして医者にみてもらったが、そのときは風邪だと言われ、風邪薬を飲まされたという。しかし一向に治らずいよいよ苦しくなり、専門医の診断を受けて初めてCOPDだと判明した。

すでに5年が経過しており、症状は悪化していた。

「聞いたこともない病気なもんで、何がいちばんの原因なのかお医者さんに聞くと、タバコだって言うんですよ。もっと早くタバコをやめていればよかったとつくづく思いました」

歌丸師匠は、ひとりでも多くの人にこの病気について理解してもらいたいと、この取材を受けることを決め、自身の苦しむ姿さえもありのままに見せようと考えてくれていたのだ。あまりの苦しさに引退を考えたこともあったが、長年連れ添った冨士子さんに「あなたから落語を取ったら何ものこらない。死んじゃうんじゃないの」と言われ、落語を続けることにしたのだと打ち明けてくれた。

番組は「忍び寄る病～〝COPD〟の脅威～」として放送し、歌丸師匠の出演もあってCOPDという病気の理解に大きく貢献した。

このときの歌丸師匠の潔さと、落語家としての気迫に私たちは圧倒され、同時に深く魅了された。もっと歌丸師匠の思いを聞きたい、そして、歌丸師匠のこの真摯《しんし》な姿をドキュメンタリーとして記録し多くの人に伝えたい……。

ＮＨＫスペシャル「人生の終い方」の提案を温めていたのはちょうどこのころであった。

著名人には著名人ならではの芸を極める、道を究めるといった人生の完遂の仕方がある。そうした人物のひとりとして、ぜひとも歌丸師匠を取材したいと考えた。

「ゲゲゲの女房」へ水木しげるさんがのこしたもの

もう一方で、最近、世を去った著名人はどのように人生を終《しま》ったのか、その人らしい「終い方」、あるいは思いもかけない「終い方」があるのではないか。

取材チームが特に気になったのが、２０１５年11月、93歳で亡くなった漫画家の水木しげるさんだった。

『ゲゲゲの鬼太郎』で知られる水木さん。亡くなった直後に多方面からその死を悼《いた》む声が寄せられたが、２ヵ月後に行われた「水木しげるサンお別れの会」は、そのユニークさが際立っていた。

「お別れの会」はファンをはじめ誰でも参加可能。「妖怪ポスト」が置かれ、水木さんへのメッセージを入れられる。遺族やお別れ会実行委員の人たちが胸につけるコサージュは目玉おやじ。懇親会ではお化けをかたどったお寿司や、目玉おやじ風マカロンなど、「お別れの会」なのに、遊び心満載である。

ネット上では「水木センセイ、これで妖怪と楽しく遊べる」などとも書かれていた。93歳なら大往生と言われるかもしれない。しかし、NHKの連続テレビ小説にもなった『ゲゲゲの女房』で描かれたように、水木さんが売れないころから二人三脚で歩んできた妻、布枝《ぬのえ》さん（84）をのこして逝くのはさぞかしつらかったことだろう。水木さんは最愛の妻にどんな言葉をのこして旅立ったのか、何をのこしていったのか。

また、壮絶な戦争体験をし、だからこそ何度も何度もそれを漫画に描いてきた水木さんならではの「終い方」があるのではないか……。そんな思いから、水木さんのご遺族にお話をうかがいたいと考えた。

取材のお願いをしたのは、水木さんが亡くなってまだ4ヵ月のころであったが、ご遺族から語られたのは、水木さんの意外な「終い方」だった。第1章に詳述しているので、ぜひお読みいただきたい。

「ラジオ深夜便」に寄せられた500通のお便り

同時に、市井《しせい》の人々の「終い方」も追った。

巷《ちまた》に、エンディングノートや遺言書作成など「終活」に関する体験談はあふれているが、「最後までどう自分らしく生きて、人生を終《お》えるか」という個人個人の具体的な事例は見当たらない。ときおり、新聞の「声欄」などに「これはこの人らしい『終い方』だ」と思う投書が見受けられた。だが残念ながらNHKには「声欄」にあたるものがない。

「人生の終い方」を考える世代が最も多く接触する番組は何かと考えて、思いいたったのがNHKのラジオ番組「ラジオ深夜便」だった。長年連れ添った伴侶に先だたれ、あるいは自身が病に倒れ、眠れぬ夜にラジオを聞きながら老いや病、人生について静かに思いを馳せるという方も少なくないとうかがっていた。

さっそく、「ラジオ深夜便」の担当プロデューサーに相談してみると、リスナーにとって非常に興味深いテーマであろうと言う。「深夜便」の放送や、月刊誌「ラジオ深夜便」でエピソードを募集してみようということになった。寄せられるお便りはNHKスペシャルだけでなく「ラジオ深夜便」でも紹介することに決まった。

「人生の最後に何をしたいか」。「終い方」の具体例なども紹介しながら2015年12月から募集を続けた。私と原ディレクターが所属し、事務局となっていたNHK札幌放送局では朝のニュース番組「おはよう北海道」でも関連の企画を放送して呼びかけた。

次第にお便りは増え、年の瀬を前に連日たくさんのお便りが届くようになっていった。最終的には全国からおよそ500通をいただいた。

家族の介護で寝る間もない中で、あるいは大切な家族を失い深い悲しみをかかえながらお便りを書いてくださった方もいらっしゃった。この場を借りて、改めてお礼を申し上げさせていただきたい。

最も多かったのは、亡き夫が最後に見せたその人らしい「終い方」を、のこされた妻が偲《しの》びながら綴《つづ》ったお便りだった。本書でもいくつかをご紹介させていただく。

こうして、「ラジオ深夜便」に寄せられたお便りと、若き取材者たちが全国を駆け回って出会った方々、そして亡くなってまだ半年足らずの水木しげるさんといった、著名人から市井の人まで、年代も30代から90代までの幅広い方々の「人生の終い方」にチーム一丸となって迫り続けた。そして放送の運びとなったのがNHKスペシャル「人生の終い方」

である。

ご自身の年齢や置かれた状況によって、共感する点は異なることと思う。

「終い方」を考えるとはどういうことなのか。私たち取材班は何度も話し合った。そして、出てきたのが、こんな言葉だった。

大切な人の心の中で
生きていく準備
あなたはできていますか?

この本をきっかけに、ご家族やご自身の「終い方」、そして「生き方」を考えていただければ幸甚《こうじん》である。

第1章

写真にのこされた、笑顔、笑顔、笑顔 水木しげるさん

◉堀内健太

水木しげるさんの「終い方」をたどって

２０１５年11月、93歳で亡くなった水木しげるさん。『ゲゲゲの鬼太郎』や『悪魔くん』など数々の妖怪漫画を生み出した、国民的漫画家だ。東京都内で開かれたお別れの会には関係者やファンなどおよそ８０００人の老若男女が訪れた。

会場にはとびっきりの笑顔を浮かべた水木さんの遺影が鬼太郎などのキャラクターとともに飾られていた。テレビアニメ「ゲゲゲの鬼太郎」の主題歌などが流れる中、水木さんの遺影を前に、別れを惜しむ参列者の様子が印象的だった。

妻の布枝さんは、挨拶で次のように話した。

「あちらの世界にはきっと漫画の種がたくさんあって本人はさらに新しいストーリーをたくさん思いついていることでしょう。だって、生前からあの世とはとても親しかったんですから」

水木しげるさんの「人生の終い方」とは、いったいどのようなものだったのだろうか。

亡くなって4ヵ月ほどたったころ、私たちは水木プロダクションのある東京・調布を訪れた。駅前の商店街には鬼太郎やねずみ男をはじめとした妖怪たちのモニュメントがあちこちにあり、水木さんの人気ぶりがうかがえた。生前、水木さんは自宅から1キロ離れた事務所まで毎朝歩いて通っていたという。

事務所のドアを開けて中に入ると、長女の尚子《なおこ》さん（53）が快く迎えてくれた。すぐに目に飛び込んできたのは、壁一面を埋めつくす妖怪たちのグッズ。部屋の奥からは、にぎやかな笑い声が聞こえてくる。時刻はちょうど午後3時。毎日恒例の「お茶の時間」だという。

のぞいてみると、水木さんとうりふたつの弟、幸夫《ゆきお》さん（91）、布枝さん、次女の悦子《えつこ》さん（49）、それに事務所のスタッフが食卓を囲んで、水木さん大好物のまんじゅうをほおばっていた。

水木さんの定位置だった椅子には、いつも身につけていたトレードマークのちゃんちゃんこがかけられている。そして食卓には、まんじゅうとともに、水木さんの遺影が飾られていた。写真の表情は、お別れの会で祭壇に飾られていた写真と同じく、とびっきりの笑顔。部屋はその笑顔で、ほがらかな雰囲気につつまれていた。

「主人は毎日の『お茶の時間』を楽しみにしていました」

布枝さんによると、水木さんはこの時間になると家族やスタッフに声をかけたという。お茶の時間で話題にのぼるのは、その日の天気や食べたお菓子など、ささいなことばかり。水木さんが冗談を言い、みんなを笑わせることもたびたびあったという。家族やスタッフは今も、水木さんが楽しみにしていたお茶の時間を、大切に守っている。

「あ、これお父ちゃんが好きだったお菓子だ」

「お父ちゃんよくみんなの服装を観察してたよね」

家族やスタッフは水木さんの思い出話に花を咲かせ、大いに盛り上がっていた。

水木さんがまるでその場にいるかのような空気が、そこには流れていた。

戦争体験を背負い続けた水木さんの人生

亡くなるおよそ1年前の２０１４年12月、水木さんは心筋梗塞で入院した。食が進まずやせ細り、ようやく翌年2月に退院した。

当時連載していたのが、自らの日常を綴った「わたしの日々」。連載には幼少期の思い出や、決して頭から離れないという戦争体験も描かれていた。水木さんが生涯にわたって描き続けたのが、この戦争体験だった。

水木さんは1922年3月8日、今の大阪市住吉区に生まれた。3人兄弟の真ん中で、性格はとにかくやんちゃだったという。その後、鳥取県の境港《さかいみなと》市に移り住み、小学校では「勉強はさっぱりだが、妙に人望があり、私はクラスのガキ大将になった」（『水木サンの幸福論』、角川文庫）という。

平和な日常を一変させたのが、戦争だ。太平洋戦争が勃発した1941年12月、水木さんは19歳だった。当時通っていた夜間中学でも軍事教練が激しくなっていた。絵描きを目指していた水木さんにとっては、なんとも窮屈で、「我が道を邁進《まいしん》する私のような若者は、どうも居心地が悪い雰囲気」（同掲書）があったという。

そんな水木さんのもとに召集令状が届いたのは、21歳のとき。陸軍に入隊し鳥取連隊での訓練を経て赴いた先は、南太平洋の激戦地、ラバウル。連合軍の攻勢が強まり、四六時中敵機による激しい爆撃にさらされた。偵察に出ると死体がころがっている光景を目にすることも珍しくなかったという。

「後方でパラパラ、パラパラパラパラと乾いた音が断続的に響いてきた。機関銃の音だ。敵は警戒していた海からではなく、山側から急襲してきたのだ。夜のうちに兵舎はすっかり包囲されていたらしい。耳元をかすめるピュン、ピュンという音に慌てて身を伏せ、海を見たら水煙が盛大に上がっていた。小銃で反撃すると、バリバリバリッとすさまじい音を立てて自動小銃の連射が襲いかかってくる。（中略）ちょびひげを生やした分隊長と同年兵が兵舎からふらふらと出て来て、どさっと地面に倒れ込んだ。辺りにはたちまち硝煙と血のにおいが立ち込めた」（同掲書）

水木さんは次々と命を落とす戦友たちの姿を目の当たりにした。最初に戦死したのがいちばん仲のよかった戦友だった。友の無念の表情、壮絶な姿が目に焼きついて離れなかったという。自身も爆撃により左腕を失い生死の境をさまよったが、奇跡的に一命を取り留め、終戦を迎えた。

復員後、職を転々とし、36歳のときにようやく漫画家デビューするも、質屋通いから抜けられない日々。だが『ゲゲゲの鬼太郎』をはじめとした妖怪漫画がヒットすると一躍人気漫画家として注目された。その一方で、水木さんが漫画で描き続けたのは、戦争だ。机にかじりつくようにして描き続ける水木さんの様子を、布枝さんはこう振り返った。

「『ご飯の支度ができた』って言いにいくと、一生懸命描いていた。後ろ姿に立ち上るオーラに私は声もかけられませんでした。亡くなった方々の思いも背負っていたと思います」

晩年まで戦争の夢を見ることが多かったという水木さん。生涯、戦友のことが頭から離れることはなかった。

何気ない日常を「激写」した水木さん

そんな水木さんが大事にしたのは、家族との穏やかな時間だった。

娘の尚子さんが見せてくれたのは20年以上にわたって使い込まれた、水木さんのカメラだ。デジカメが主流となっている今では珍しいフィルム式。手に持たせてもらうと、ずっしりと重い。戦争で左腕を失った水木さんは、片手でも安定して写真が撮れるようにと、あえて重いカメラを愛用していたという。中にはまだ使いかけのフィルムが入っていた。

水木さんはこのカメラを手に、家族の写真を撮り続けた。アルバムに整理されているものだけでも、何冊もある。ネガのままのものも合わせると、その枚数は膨大だ。家族で集うお茶の時間。妻、布枝さんと散歩に出かけるときの一枚。撮影したのは、何気ない日常の写真。お茶の時間に会話が盛り上がってくると、水木さんはこっそりと席を立つ。すると、いつの間にかカメラを手に戻ってきていて、シャッターを切ったという。

自分で家族の写真を撮るだけではない。水木さんはカメラを家族に回し、日常の何気ない一瞬一瞬を写真に撮らせた。

「『激写しろ！』っていうのがログセだったんです」と尚子さんは言う。

水木さんは、誰かが笑う瞬間や、おいしいお菓子をほおばる瞬間を、すかさず写真に撮るよう家族を促した。

「この前も撮ったからいいじゃない」

家族がそう言うと、水木さんはこう返す。

「撮らないと、なくなってしまうよ」

同じ場所、同じ顔ぶれ。それでも愛おしむように水木さんはシャッターを切り続けた。

とりわけ気に入っていたのが、親子4人がそろって写っている写真だ。お気に入りの写真を見返すとき、水木さんは満足そうに、にんまりとした笑みを浮かべていた。尚子さんは、その表情が忘れられないという。水木さんのカメラを見ながら、こう懐かしんだ。

「父にとっては、幸せな時間を切り取っておきたいということ。幸せの記録というか。家族と写っている写真は幸せの記録」

戦争体験を背負い続けた水木さんは家族のために、穏やかで笑顔だった日々をのこそうとしていたのではないか。水木さんが好きだった言葉がある。

「いつも遠くへばかり行こうとするのか？　見よ、よきものは身近にあるのを。ただ幸福のつかみ方を学べばよいのだ。幸福はいつも目の前にあるのだ」（同掲書）

ドイツの詩人、ゲーテの言葉だ。戦時中、「出征すれば間違いなく死ぬ」と覚悟していた水木さんは、ゲーテの言葉をおさめた『ゲーテとの対話』を愛読していた。召集令状が届くと、上中下の3冊を雑嚢《ざつのう》に入れて戦地へ赴き、たびたび読み返していたという。

今、のこされた家族は水木さんの「人生の終い方」に思いを馳せているという。

「あったかいハートを今も思い出します」

布枝さんは写真を見るたびに、お茶の時間を冗談で盛り上げていた夫の姿が目に浮かび、毎日時間になるたびに、そこに夫が座っているような気がするという。

娘の尚子さんは、水木さんが撮影した写真を見返しながら、生前の何気ない仕草、大事にしていた言葉など、ひとつひとつの記憶をたぐりよせている。すると、家族ですごしたお茶の時間、普段の散歩での会話、豊かな日常のひとコマひとコマが思い出されるという。尚子さんはこうも言った。

「もし父がまだ生きていたら、話したいことがたくさんある。それはできないけれど、こんな楽しいときに父だったらなんて言うかな、どんな表情をするかなって想像したりします」

戦争体験を胸に刻み、漫画を描き続けて多くの「水木語録」をのこした、水木しげるさん。しかし、家族に最後にのこしたのは、漫画でも言葉でもなく、笑顔の記憶。

そんな「人生の終い方」だった。

〝ゲゲゲの女房〟との最後の日々

家族に笑顔の記憶をのこした水木さん。その晩年にはもうひとつの素顔がある。長年連れ添った妻、布枝さんとの時間を一日一日大切にしていたのだ。

漫画の連載をいくつもかかえていたころ、ふたりが一緒に外出することはほとんどなかった。それが晩年は一緒に散歩に出かけるなど、急に仲良くなったのだという。尚子さんがふと家のリビングを見ると、肩にもたれあいながらテレビを見ているふたりがいる。「父は今、人生の中で最も幸せな時間をすごしているんだな」その姿を見て、尚子さんはそう感じた。

水木さんが布枝さんと出会ったのは39歳のとき。布枝さんは10歳下。お見合いで初めて顔を合わせ、その5日後には式を挙げるというスピード婚だった。当時の水木さんは駆け出しの漫画家。食べるのも大変な生活。あまりの貧しさに、嫁いだばかりの布枝さんは驚いたという。

漫画家という職業が珍しいこともあってか、布枝さんは一本のペンから次々とキャラクターを生み出す水木さんの仕事ぶりに感嘆した。次第に作業を手伝うようになり、掃除、洗濯などの家事に加えて、コマ割りの線を引いたり背景の色塗りをしたりした。締め切りに追われる中、ふたりの日々は大忙しだった。そのころのことを、水木さんは次のように振り返っている。

「脇目もふらずに描きまくる私を眺めて、妻がくすくす笑う。楽しい場面ではにこにこして筆を動かし、しかめっ面をしたり、泣きそうな顔になったりして描いていることもあるという。『まるで百面相ですね』と面白がり、二人して笑った。貧しかったけれども、悪くない気分だった」（同掲書）

ところが、『悪魔くん』に『ゲゲゲの鬼太郎』と次々とヒット作品を世に送り出すようになると、そんな日々は一変した。複数の連載をかかえ、作品のアニメ化まで決定すると、いよいよ忙しさは増してきた。水木プロダクションを設立して、アシスタントを何人もかかえるようになり、水木さんと布枝さんが一緒に作業することはなくなった。

布枝さんは当時をこう振り返っている。

「私は貧乏時代には味わったことがなかった寂《さび》しさを感じはじめていました。（中略）子どもの世話をし、家族の三度の食事や、アシスタントの人たちの夜食をつくることでした。水木の仕事の中身については、まったく関知することがなくなったのです。（中略）わずかな夕食の時間を除いて、家族四人がひとつ所にいるということが、まったくなくなってしまいました」（『ゲゲゲの女房』、実業之日本社）

漫画家としてめまぐるしく忙しい日々をすごしていた水木さんは最晩年、布枝さんとの時間を何よりも大切にしようとした。「ありがとう」というような素直な言葉を口にすることは決してなかった。けれど、布枝さんは、ふたりの時間を大切にしようとする水木さんの心遣いを痛いほど感じていた。

亡くなる1年前に心筋梗塞で入院した水木さんは、布枝さんと一緒にいられないことを何よりも寂しがっていた。2ヵ月の入院を経たのち、ほどなくして連載を終了して、ようやく布枝さんとのふたりの時間を持てるようになるはずだった。ところがその矢先、今度は布枝さんが転倒して骨折し、入院を余儀なくされた。布枝さんの入院中、水木さんは毎週のようにお見舞いに行っていたという。

病室で話したことと言えば、いつもと変わらず、日常のささいな話題ばかりだった。尚子さんはこう振り返る。

「父は、母の顔を見ているだけで幸せそうでした。話さなくても目と目をあわせるだけでふたりはニッコリ笑顔になりました」

家族の記憶にのこっているのは、ここでも水木さんの笑顔だった。

第2章

高座に上がる毎日が「終い中」桂歌丸師匠

●原拓也

「不死鳥」歌丸師匠の壮絶な日々

桂歌丸師匠にお会いしたのは、2015年8月、東京・文京区の後楽園ホールでだった。

「笑点」収録前のほんの数分なら時間をとってもらえると連絡があったのだ。私たちNHKスペシャル「人生の終い方」取材班は、歌丸師匠に番組の進行役をお願いするだけでなく、密着取材もしたいと考えていた。

「クローズアップ現代」での「COPD」取材からおよそ1年。79歳という高齢に加え、この間歌丸師匠は腸閉塞で入院。体重も10キロ近く減っていた。歌丸師匠の代名詞とも言える「笑点」もいっとき休まざるを得ないほどだった。

しかし、それでも歌丸師匠はそのたびに病を乗り越え、また高座に舞い戻ってくる。落語仲間からは「不死鳥」といった呼び名をつけられるほどだ。そんな歌丸師匠が考える自らの「人生の終い方」とはどんなものなのか、ぜひとも知りたいと考えていた。

後楽園ホール内にしつらえられた「笑点」の高座セットを左に見やりながら、通路を進んでいくと、出演者の控え室が並ぶスペースが見えてきた。「あちらにいらっしゃいます」案内係の方にそう言われ、そのスペースのいちばん奥に目をやると、歌丸師匠がベンチに、ちょこんと座っていた。

いつも目にする、緑色の着物ではない。白いシャツとベージュのスラックス、かたわらには杖が立てかけてある。そして老眼鏡だろうか、メガネをかけていた。こう言っては大変失礼だが、率直に言って、街中で見かける「普通のおじいちゃん」という印象だ。番組の趣旨を説明し出演依頼をすると歌丸師匠は快諾し、物腰柔らかくこう言った。

「『終い方』なんて偉そうなことは考えちゃあいませんよ。ただ私は落語をやるだけ。強いて言えば死ぬまで落語をやることが私の『終い方』ですかね」

〝どうしてそこまで落語に人生をかけたいと思うのか〟〝なぜ落語をやり続けることが歌丸師匠にとっての理想の「終い方」なのか〟強い信念に裏打ちされたその返答の中に、私たち自身が人生をどう歩み、人生をどう終っていくべきか、ヒントとなる〝核〟のようなものがあるに違いないと確信した。

一方で、歌丸師匠は釘を刺すようにこんな話もした。

「本当はね、普段は死とか、暗いイメージのことはあまり考えないようにしているんですよ。落語家がそういうことばっかり考えちゃうと、どうしても芸に暗いものが出てくる。ただ、私もそれなりの年齢ですし、病気も数多く持っていると、そうしたことから逃れるわけにはいかない。だから今回の番組で、私で何か役に立つようなことがあれば受けさせてもらいます」

〝芸に悪い影響をおよぼす可能性があっても取材を受けるのだから、あなたたちも本気で取材をしなさいよ〟と、歌丸師匠からこちら側のスタンスを問われているような気がし、身が引きしまる思いだった。

気がつけば10分あまりが過ぎていた。歌丸師匠は収録のため着替えに入る。「よいしょ」と言って、杖をつきながら立ち上がると、腰は曲がり、そのせいもあってか体はとても小さく見えた。そろそろと一歩ずつ楽屋に向かう。

しかし、ほんの少しお話をうかがったあとに見る歌丸師匠の姿は「普通のおじいちゃん」には見えなかった。その体に真っ直ぐ貫かれた人生の信念、そして理想の「終い方」を知りたいと、半年以上におよぶ取材が始まった。

小学生で落語の道を志して芸歴65年

歌丸師匠は1936年、横浜市真金町《まがねちょう》でひとり息子として誕生した。父とは3歳のときに死別、母とも戦後は離れて暮らしたため、女郎屋を営む祖母に育てられた。幼少時代、庶民の娯楽も少ない中、祖母に連れられてよく芝居に出かけていたという。その芝居の幕間には漫才があり、それを見るのが何よりの楽しみだった。

自分も笑いを届ける落語家になりたいと将来の夢を決めたのは小学生のとき。まだ敗戦をひきずる時代だったが、中学3年生で落語界の門をたたき、5代目古今亭今輔《いますけ》への弟子入りを果たした。以来、落語家人生を歩み続け、2016年で芸歴65年を迎えた。

そんな歌丸師匠の知名度を全国区に押し上げたのが、なんといっても「笑点」だ。「笑点」に出ている緑色の着物を着た落語家といえば、子どもからお年寄りまで知らない人はほとんどいないだろう。

2016年5月、「笑点」の司会を引退するまで、放送開始の1966年から出演し続けた人は、歌丸師匠ただひとりだ。その「笑点」出演者たちに歌丸師匠の落語に対する思いを聞いた。

三遊亭小遊三《こゆうざ》さんは、歌丸師匠の落語にかける気迫に畏《おそ》れさえ覚えるときがあるという。「笑点」だけでなく、普段の高座を終えた後、呼吸が乱れているため無言のまま大きく肩で息をしている姿。年齢や病に抗うかのように落語を続けるその姿勢に、オーラのようなものを感じる。

「私には真似しようったってできないですよ。あの年齢で、病気でしょ？　私には無理な話ですよね。その姿を見て私らも高座に上がるわけなので、私たち自身も日々の落語、おろそかにはできないですよ。それでへらへらしていたんじゃ、話もしてもらえないですよ、歌丸師匠に」

また、現在の「笑点」司会者、春風亭昇太さんも、落語に向き合うひたむきさで歌丸師匠の右に出る者はいないという。

「歌丸師匠ね、年中腰が痛いとか、入院したとか言っているんですけど、でもね高座に上がると、しゃきっとするんですよ。僕らでは考えられないくらい、長い噺《はなし》をやるっていうね、しかも自分でやりたがってやるっていうのはね。ものすごい落語に対して真摯な師匠で、華やかなテレビ番組に出演している落語家、タレントというイメージを持っている人も多いかもしれないですけど、実は裏側では古典落語などの研究を欠かさない、実直な落語家ですよ。見ていて正直かっこいいなと思います」

歌丸師匠は「笑点」だけに出演しているわけではない。多いときには月に20回も都内の寄席小屋や地方公演に出演。さらに、その合間を縫って、新たな落語を覚えたり研究したり、今もめまぐるしく活動している。

「私の1週間は、病院にいるか、高座の上にいるか、どっちかですかね」

笑いながらそう話してくれたことがある。腸閉塞などの病気をかかえているため、今でも寄席や「笑点」の出演の合間、週に1回の通院は欠かせない。

取材を始めた当初、歌丸師匠に会うために寄席小屋「池袋演芸場」を訪ねたことがあった。池袋駅西口、飲食店が立ち並ぶ雑然とした通りに、歌丸師匠が乗った車が到着し、歌丸師匠は杖をついて、ゆっくりと建物に入っていった。客席はわずか92、楽屋も演者全員が一緒に使うようなこぢんまりとした寄席小屋だった。

これほどの大物落語家になっても、若手落語家とともに寄席小屋で芸を磨き続ける、その姿に驚かされた。

「芸の道に終わりはありません。終わるときは目をつぶったときだけですよ。だから私の人生の『終い方』は、落語をしゃべりながら死ぬことですよ。何か遺言を言うみたいにね。『はっつぁん、こっちへお上がり』とかね。やっぱり、私は落語を話しながら、高座の上で死にたいな、うん」

歌丸師匠はインタビューでそう答えた。いつ亡くなっても後悔がないように、落語家人生を突っ走る……歌丸さんの信念を感じた。

車椅子もネタに笑いをとる札幌公演

自らが理想とする「終い方」のために、精力的に活動を続ける歌丸師匠。しかし、医師からも周囲からも心配されていることがある。飛行機などに乗って出かける地方公演だ。

２０１５年11月に密着取材することになった。赴く先は、北海道札幌市だ。

朝10時、私たちは横浜にある歌丸師匠の自宅前からカメラを回し始めた。ガラガラと玄関の扉が開き、「じゃ、行ってくるよ」と声が聞こえたかと思うと、杖をついた歌丸師匠が現れた。

玄関先には歌丸師匠の妻、冨士子さんの姿も見える。長旅のため、体調が急変したときなどのことを考えると心配は尽きないだろう。

それでも多いときで年に30回ほどは地方公演に出かけているという。

玄関先から車が停めてある駐車場までは、およそ50メートル。歌丸師匠は杖をつきながら一歩ずつ歩んでいく。付き人に支えられるように車に乗り込む姿を見ると、無事に公演を終えられるよう祈るような気持ちになる。

「実はちょっと風邪ぎみなんですよ。札幌はもっと寒いでしょうからそこが心配でね……」

11月の札幌といえば東京との温度差は10度近くになる。歌丸師匠は厚手のセーターを着こんでいたが、それでも寒さがこたえかねない。

一路、羽田空港へ。車から降りると、車椅子の後部にボンベ式の酸素吸入器が用意されている。透明の細いチューブは歌丸師匠の鼻につながれ、酸素が送り込まれていた。

普段高座の上では、座って話しているので気づかないが、日常生活ではこの車椅子と酸素吸入器が手放せないという。足腰が弱っていることに加え、ＣＯＰＤで肺の機能が低下しているため、少し動くだけでも呼吸が乱れて息ができなくなってしまうのだ。

「長年、タバコを吸い続けましたからね。もうやめましたが、後悔先に立たずってね」

歌丸師匠は、待合室で車椅子に乗って少し苦笑いしていた。さらに、話を続けていると、飛行機で地方公演に出かけるのを周囲がとめている理由がわかった。

「この酸素ボンベというのは、可燃性だからかどうかわからないですけど、飛行機に持って入るにはいろいろと手続きが面倒なんだそうです。だから私は持ち込みません」

「もし機内で、呼吸が苦しくなったらどうするんですか？」

「そりゃ、もう終わりですよね。機内に非常用の酸素マスクがあるじゃないですか。異常事態が起きたとき上からぽんって落ちてくるやつ。あれを貸してくれたらいいんだけどね」

歌丸師匠は冗談っぽく笑っていたが、命の危険と隣り合わせで地方公演に出かけているのだ。〝地方の人にも笑いを届ける〟、そして〝高座に上がり続ける〟、そう言った歌丸師匠の執念のようなものが伝わってきた。

1時間半のフライトの後、無事札幌に到着すると、気温は明らかに東京とは異なり、一段と冷え込んでいた。「寒くないですか？」と声をかけると、歌丸師匠は車椅子で移動しながら「さすがにこたえるね」とひと言つぶやいた。

新千歳《しんちとせ》空港からは、用意された車で市内のホールへと向かう。しかしその前に立ち寄らなければならない場所がある。今夜の公演を終えてから宿泊するホテルだ。

地方公演のときはいつも横浜の自宅から宿泊先のホテルに酸素ボンベを送っている。飛行機を使う場合は持参しないため、あらかじめ送っておいて、現地で受け取る。

本番公演が30分以上におよぶことも少なくない中、幕が下りると、すぐさまこの酸素吸入器で肺に酸素を送り込まなければならない。苦しいだけでなく、血中の酸素が減ると心臓によけいな負担がかかってしまうためだ。

車がホテルの前に到着するなり、付き人の若手落語家が酸素ボンベを取りに行った。しかし5分たっても、10分たってもなかなかホテルから出てこない。どうしたのかなと不思議に思っていたころ、その付き人が青い顔をして出てきた。

「届いていないみたいなんですよ」心配そうな表情で歌丸師匠に報告する。

「変だな、そんなはずはないんだけど」歌丸師匠の声音はいつもと変わらぬように聞こえたが、顔は明らかに困惑したような、不安な表情をしていた。

しかし、公演までそれほど時間がないため、まずはホールに入り、あとでもう一度探してみようということになった。

楽屋に入っても、歌丸師匠はどこかそわそわとしていて、落ち着かない。

「やはり、あのボンベがないと呼吸しづらいんですか？」

「高座っていうのはひとりでひたすら話し続けるんですよ。表に出ているときは不思議と呼吸も大丈夫なんですけど、一度幕が下りると、一気に苦しさがやってきてね。だからあれがないと、高座に上がるのも正直怖いんです」

当たり前の質問をしてしまったことに、後悔した。

本番まであと1時間というとき、先ほどの付き人が急ぎ足で楽屋に入ってきた。もう一度ホテルの部屋を確認したところ、酸素ボンベが届いていたという。申し訳なさそうに、歌丸師匠にボンベを手渡す。

そのときの歌丸師匠は、怒るどころか、とても安心した表情をして、「これこれ」とボンベをカバーから取り出し、さっそくチューブを鼻につけた。

この酸素吸入器は、病をかかえながらも落語を続ける歌丸師匠の生命線なのだ。命がけで落語に挑むその様は、この酸素吸入器の一件だけではない。本番直前、着物に着替えるときにも見せつけられた。

付き人が着物や帯を敷物の上に用意すると、歌丸師匠は着ていた洋服を脱ぎ出した。服の上からではわからないが、腕や体はやせ細り、脇腹のあばら骨がくっきりと浮き出ている。２０１５年腸閉塞で入院してから食欲がわかず、体重が10キロ近く落ちたという現実がそこにはあった。

「医者も体重を増やせ増やせって言うけど、こればっかりは無理でね……」

ゆっくりと着物をはおりながら、歌丸師匠は言った。もともとやせ型だが、このとき体重は30キロ台、ここまでやせたことはないという。

「ご飯もほとんど喉を通らなくてね。せいぜいフルーツぐらいかな。あ、あと、こんなものぐらいかな」

そう言って手に持って見せてくれたのは、楽屋に置いてあった、小さな煎餅だった。

体重が落ちることで、体力的にもより大きな負担がかかることは想像に難くない。

着替えをしながらも「ふー、ふー」と歌丸師匠の息遣いが聞こえてくる。立ち上がって洋服を脱ぎ、着物をはおって帯をしめる一連の行為だけで息が上がっていた。

着替えを終えると、立ったまま「ふー、ふー」と息を整え、１分ほどしてからソファーに座り、再び鼻にチューブをつけた。

こういう状態でも、長いときは1時間近く高座で話し続けるのだから驚きとしか言いようがない。

「師匠、そろそろ向かいましょうか」

付き人が入って歌丸師匠に声をかけた。いよいよ本番だ。

歌丸師匠はゆったりとした足取りで車椅子に向かい、腰をかけた。そして付き人が押して舞台袖へと向かう。通常、高座では落語家が舞台袖から歩いて登場し、そのまま座って話し始めるというスタイルが一般的だ。しかし歌丸師匠の場合は、幕が下りた状態のときに、車椅子で中央の座布団がある場所まで移動して座っておく。そして、お囃子《はやし》と同時に幕が上がり、話し始めるのだ。

その日の「まくら」（演目を始める前に話す小咄《こばなし》）でもこう言って笑いを誘っていた。

「本来であれば、そこの舞台袖からここまで歩いて座るというのが普通なんですが、私の場合は普段車椅子が必要なぐらいでして。実際に歩くとなると40分くらいかかってしまい、みなさんに迷惑をかけますから最初から座らせていただいています」

演目に入ると、空気が一変。この日の演目は壺を買いにきた男が、巧みな話術で安く商品を買い取ろうとする「壺算」。変幻自在な声音、豊かな表情と所作、落語界きっての表現力に聴衆は一気に引き込まれていった。先ほどまでの舞台裏での様子が嘘のようだ。

「不思議なんだよね、高座に上がると息苦しさもほとんど感じないんだから」

楽屋でそう言っていた歌丸師匠の言葉を思い出した。「死ぬまで落語」という覚悟を持つ歌丸師匠だからこそ成し遂げられる境地と言えよう。

およそ40分間の高座が終わり、会場に割れんばかりの拍手が鳴る中、幕が下ろされた。歌丸師匠はどんな表情をしているのだろう、私たち取材班は幕が下りるや否や、舞台中央に近づきカメラを回した。

幕が完全に下りてからも、しばらく歌丸師匠は動かない。いや、動けない。肩で大きく息をしている。座布団のそばにはすでに車椅子が用意されているが、それでも歌丸師匠は動かない。

30秒ほどたったころだろうか、「よいしょ」と大きく声を出すと、片膝をつき、ゆっくりと立ち上がった。付き人たちから両脇をかかえられるようにして座布団が敷いてある高さ50センチほどの台をそろりそろりと下り、車椅子に腰をかけた。

そのときの歌丸師匠は、疲れやつらさというより、「今日もやりきった」という充足感に包まれた表情をしていた。

楽屋に戻った歌丸師匠に「おつかれさまでした」と声をかけた。本番直後の気持ちなど、インタビュー取材をしたかったからだ。

しかし歌丸師匠は、「ちょっと待ってください」という合図を手ですると、「はぁはぁ」と必死に呼吸を整えようとしていた。そして酸素チューブを鼻に入れ、2〜3分したところでようやく「もう大丈夫ですよ。お待たせしました」と声をかけてくれた。

高座の上ではつらさを微塵《みじん》も見せないが、やはり相当の体力と気力を使っているのだ。

「なぜ、そこまでして高座に上がり続けるのですか？」

命がけで高座に上がる姿を間近に見て、今いちばん感じていることを、聞いてみた。

「そりゃ、落語家だからですよ、私から落語をとったら何もありません。落語をやめたら、用無しだって、かみさんにも家から追い出されますよ」

冗談ぽく答えるが、心底落語が好きなのがわかる。

しかし、年齢や病気のことを考えれば、引退してもおかしくない状況だ。なぜ、そこまで続けることにこだわるのか。

「落語というのはね、連綿と続く伝統芸能。その芸は、やはり継承していくもんですからね、のこしていかなきゃなんないですから、だから、苦しんで当然だと思いますよね。で、また、やらないで楽しようたって、そうはいかないですよ」

その言葉に歌丸師匠が背負っているものの大きさを痛感した。自分の仕事なり役割をある程度終えたところで、退職したりするのが一般的だが、歌丸師匠は連綿と続く「伝統」の二文字を背負っているからこそ、最後の最後まで落語を続け、次の世代に受け渡す義務があると考えているのだ。

「噺家にとっては、噺というのはすごい財産じゃないですか。で、その財産を埋めておいたんじゃ何もならない。財産というのは、掘り出してみて、みなさんに見てもらい聞いてもらって生きるわけですよね。だから、諸先輩がのこしてくれたもの、それに自分は自分なりに手を加えて、それで現代にある程度通用するようにして、発表していく。それが私たちの使命であり、役目だと思っていますよ」

落語界を牽引する気概は衰えず

落語、落語界のために人生を捧げると誓う桂歌丸師匠。その仕事は多岐にわたるが、もっとも重要な仕事のひとつと位置づけるのが、自身が10年以上にわたって会長を務める落語芸術協会の仕事だ。

例年どおり12月末、都内のホテルで落語芸術協会の納会が催された。

およそ500人の落語家や業界関係者が出席した納会。開会にあたっての挨拶は、もちろん会長の歌丸師匠だ。司会の春風亭昇太さんが歌丸師匠を紹介すると、会場の舞台前に車椅子で座っていた歌丸師匠に周囲の目が集中した。おもむろに車椅子から立ち上がるとマイクを持ち、話し始めた。

「本日はお寒い中、お越しいただきまして誠にありがとうございます。本来であればあちらの壇上に立ってご挨拶すべきところ、足腰がどうもいけませんで上がることができません。この場でのご挨拶ご容赦ください」

舞台は高さ1メートルほどだが、小さな階段が備え付けられている。しかし、歌丸師匠にはそれも難しいようだった。よろけないように車椅子の背を持つようにしている。

「今日はごゆっくりとおくつろぎくださいさい」

3分ほどの挨拶が終わると、会場には拍手が鳴り響き、納会がスタートした。

真打に昇進した落語家の紹介や余興……、お酒や食事も用意され楽しく華々しい雰囲気の中、納会は進んでいく。

しかし、そうしたときでも歌丸師匠には休む暇はない。車椅子のため自分から動き回ることはできないが、次から次へと人がやってくる。そして寄席小屋の席亭など日ごろ世話になっている人たちへのお礼の挨拶を何度も何度もこなしていく。

合間を縫って、「高座以外のところでもこうして忙しくされているなんて知りませんでした……」と声をかけてみた。

「いやいやお世話になっている人たちですから。寄席小屋やメディアの人たちがいるから私たちも仕事をさせていただけているんです」

歌丸師匠は、よくインタビューなどでも「仕事をさせてもらっている」という表現をする。〝落語を聞いてくれる客がいて初めて落語家は落語ができる〟〝寄席小屋があって初めて落語家は落語を話すことができる〟

あくまでも落語家は周囲の人たちのおかげで落語を続けることができているという考え方だ。

経験と技術を積み重ね、落語会を催せばいつも超満員……そうしたいわゆる〝大物落語家〟になればなるほど「落語を話してあげている」と考えがちになっていきそうなものだが、歌丸師匠のスタンスは若いときから決して変わらないという。

それは、時代とともに娯楽が多様化し、落語人気も盛衰をくり返す中、おごりを持つことの怖さを誰よりも感じているからかもしれない。

落語界を背負う歌丸師匠だからこそ、こうした協会としての仕事も決して気を抜かないのだ。

盟友、三遊亭圓楽さんからの最後の電話

「高座の上で死にたい」自らの理想の「終い方」をそう話す歌丸師匠。その強い信念はどこから来るのだろうか。

実は、そこには、今は亡き盟友との約束がある。かつて「笑点」でも共演し、50年以上のつきあいがあった故・三遊亭圓楽《えんらく》さん（5代目）との約束だ。圓楽さんは「芝浜」など人情ものの噺を得意とし、豊かな表現力で人気を集めた古典落語の第一人者。「笑点」の4代目司会者として記憶にある方も多いだろう。

その圓楽さんが肺がんで世を去ったのは2009年（享年76）。亡くなる直前、歌丸師匠は病床の圓楽さんからたったひと言、電話である言葉をのこされたという。

「歌さん、頼むよ」

電話口から絞り出すようにして告げられた、そのひと言。しかし、歌丸師匠は、その「頼むよ」のひと言の中にいろんな「頼む」が含まれていると瞬時に理解したという。

「ご一門（圓楽一門会）のこと、『笑点』のこと、そしていちばん頼むと言ったのは落語界のこと、落語のことだと思うんですよね。私と圓楽さんとのつきあいですから、そのひと言で、何を頼むかすぐわかったんですよね。だから、私も『いいよ』ってひと言答えて電話を切ったんです」

それからほどなく、歌丸師匠が病院に見舞いに行こうとしていたときに圓楽さんは息を引き取った。

自らの死を意識し、落語、落語界を歌丸師匠に託してから旅立っていった圓楽さん。それこそが圓楽さんなりの「人生の終い方」だったと言えよう。そしてその「終い方」を歌丸師匠もずっと大切に心の中にしまい、生きてきたのだ。

そのときのエピソードについて歌丸師匠が冗談交じりに言った。

「託すほうはいいかもしれませんけどね、託されたほうはたまったもんじゃないですよ。一生責任を背負って生きていくわけですからね。こりゃ、困ったなって正直思いましたよ」

笑いながら話していたが、目は真剣そのものだった。確かに重責感、そして体力面など私たちには計りしれない大変な面があるに違いない。それでも古典落語の第一人者、名人から落語を託されたという誇り、使命感に燃えているような目だった。

「人生の終い方」は決して、その人ひとりで終わるものではなく、確かに受け継がれていくもの……。

圓楽さんと歌丸師匠のエピソードを聞いて、強く感じたことだ。託された歌丸師匠も、いつか誰かに託していくのだろうか。歌丸師匠に聞いてみると、

「いやぁ、託せる人ったって誰かいるかなぁ……」

と言う。

「お弟子さんとかいらっしゃるじゃないですか」

と重ねて聞くと、

「いや、あれはダメダメ。やっぱりいねぇかな〜」

と、はぐらかされてしまったが、胸中誰かいるのかもしれないし、これから育てていくのかもしれない。いずれにしても、圓楽さんとの約束を果たすために、歌丸師匠はまだまだ落語を続けていかなくてはならない。いや、誰よりも落語が好きな歌丸師匠だからこ

そ、続けていきたいと考えているのだろう。

私が古典落語の噺を絶やさない

圓楽さんに託された落語、落語界。そのためにも歌丸師匠が何よりも重要だと感じているのが、「古典落語」を守っていくことだ。

「私たち落語家にとって噺というのは、先人がのこしてくれた財産。でも、それを誰かが話し続けていかないと、消えてしまうんです」

そう話していた歌丸師匠。

落語には、大きく分けて新作落語と古典落語がある。新作落語は噺家が自分で噺を創作し、演出なども手掛ける。一方、古典落語は読んで字のごとく、江戸時代や明治期などに作られた落語で、それを自分なりに解釈したり、構成・演出したりして演じるものだ。

解釈や演出が落語家によって異なるため、同じ噺でも、どの落語家が演じるかによって、細かなストーリーや雰囲気も異なってくる。そのため、ファンからすればどの噺はどの落語家が面白い、上手いと、いろいろ楽しめる。若いころは歌丸師匠も新作落語に挑んでいたが、もう何十年も古典落語一筋で演じてきている。

その歌丸師匠が、特に力を入れてきた古典落語がある。

江戸時代末期から明治時代に活躍し、落語中興の祖とも言われる、三遊亭圓朝《えんちょう》の作品だ。三遊亭圓朝は、歴代の落語家の中でも筆頭とされる名人で、多くの落語演目を創作した。数々の作品の中でも歌丸師匠が演じるのは、怪談「真景累ケ淵《しんけいかさねがふち》」や、人情ものの「塩原多助一代記」など。今では、ほかの落語家がほとんど演じない噺だ。

「そもそも長い噺ですからね、15分20分の持ち時間しかない寄席小屋では誰もできないですよ。それに、落語家は怪談噺をやりたがりませんよ。もっとわかりやすくて笑える噺のほうが客には受けますからね」

歌丸師匠が演じる圓朝ものの作品は、長いもので数時間におよぶ。さすがに歌丸師匠も、自分なりにアレンジして短くしたりしているが、それでも寄席小屋での公演は難しい。さらに怪談ものなどは、「聞かせる」力量も問われるため敬遠されがちだという。

歌丸師匠は、誰もやろうとしない噺にあえて挑み、毎年春と夏に東京・千代田区の国立演芸場で披露している。

自分が演じなければ、いつかなくなってしまうのではないか……。そんな危機感を胸の内に秘めているのだ。圓楽さんから「落語、落語界を頼む」と託された歌丸師匠だからこそ、噺を絶やしてはならないという思いを人一倍強く持っているのだろう。

「これが圓朝の噺の入った本です。こういうのを読みながら、噺を再構成し、わかりにくい言葉も現代風にアレンジするんですね」

歌丸師匠が館長を務める寄席、横浜にぎわい座。本番を前に楽屋で歌丸師匠が見せてくれたのが、厚さ10センチほどの分厚い本だった。そこには歌丸師匠が国立演芸場で披露する三遊亭圓朝の噺がびっしりと記されている。江戸時代末期から明治時代にかけての落語家だから、フィルムもテープものこっていない。頼るべきは、噺が収録された本しかないのだ。

何度も何度も読み込むため、ページには、気になる箇所などにいくつもの附箋をつけたり線をひいたりしてあった。

「この噺をやろうと思ったら、どう再構成して組み立てるか考えます。全部やると長い場合は、もちろんどこを削ってどうくっつけるかみたいなこともですね。それから今度は昔の難しい言葉を現代風に直したりしながら、自分なりの台本を作っていくんです。それで終わりじゃないですよ。台本見て話すわけにはいかないですからね、全部覚えないといけない」

歌丸師匠は3ヵ月後に控えた国立演芸場公演のために、そろそろ準備を始めなくてはならないと話していた。公演は10日間ほど連日行われ、数日おきに演目が替わるため、その分、覚えなければならない噺も多い。

ただでさえ忙しい中、いったいいつ準備をするのか。歌丸師匠は80歳近い。そんな体力がどこにあるのか不思議でならなかった。

「いつでも落語のことを考えてますよ。移動の車の中でも新幹線の中でも気づくといつも、あの噺どう構成するかな……どういうサゲ（落ち）にするかなって考えてます。それから家に帰ったりしてからもやったりね。噺を覚えるときは自分で吹き込んだテープをくり返し聞き、それこそ寝ながらも聞いてやっているんです」

歌丸師匠ほどの大ベテランになっても、命を削るようにして新たな噺に挑戦し続けていることに驚いた。

２０１６年４月中旬。国立演芸場の公演本番の日がやってきた。当初、私たちは公演初日の取材を依頼していた。しかし初日から数日間は、避けてほしいと連絡がきた。どうしてもすべり出しは気持ちが張りつめているうえ、口の回りもまだなめらかでなく、最大限落語に集中したいとのことだった。

歌丸師匠にとって年に2回、国立演芸場で行う圓朝ものの落語には特別な意味合いがある。

誰も演じなくなった古典落語をあえて演じ続ける。それは落語という「伝統」を背負った公演でもあるのだ。

「歌さん、頼むよ」

盟友、圓楽さんから託されたそのひと言のためにも、身を削りながら続けているのだ。

私たちが取材を許されたのは、10日間におよぶ公演の中盤にあたる日だった。

「おはようございます」公演前、国立演芸場に車で到着した歌丸師匠の表情は明るく、声にも元気があるように感じられた。徐々に調子も上がってきているのかもしれない。

この日歌丸師匠が演じるのは、圓朝の代表作「塩原多助一代記」。実在の人物をモデルとした立身出世物語だ。

すべて演じれば数時間におよぶ大作だ。

幕が上がると、会場は一気に歌丸師匠の噺に引き寄せられていった。

豪快な身振り手振りや、迫真に満ちた表情。ただ面白いだけではない、「落語」の醍醐《だいご》味《み》が伝わってくる。話すだけでも体には相当な負担がかかっているのに、通常より力のこもった身振り手振りなどの動きもあわさっているため、いつも以上に体力を使うはずだ。ましてや、公演時間は短く再構成したとはいえ、1時間近くにおよぶ長編だ。

普段の車椅子や酸素吸入器を使って生活している様子を見ていると、率直なところ、どこにこんな体力がのこされているのかと、驚いてしまう。

「お時間でございます。ありがとうございました」

万雷の拍手とともに、幕が下りると、舞台上の歌丸師匠のかたわらに、いつものように付き人たちが向かう。しかし、30秒たっても、1分たっても歌丸師匠はまだ立ち上がれない。舞台袖からは横顔しか確認できなかったが、肩で大きく呼吸をしているその表情はいつもより、苦しそうだった。

ようやく立ち上がることができた歌丸師匠は、付き人に抱えられるようにして楽屋へと向かった。

「命をかける」という言葉がある。このときの歌丸師匠は、まさに命をかけて落語に挑んでいるようだった。

楽屋に戻って、着物から私服に着替えた歌丸師匠に私たちは、話を聞いた。

「歌さん、頼むよ」と三遊亭圓楽さんから託され、必死に落語界を背負って走り続けてきた歌丸師匠。このまま落語を続けながら、落語をむにゃむにゃとつぶやきながら亡くなっていくことが理想の「終い方」だと話していた。しかし、本当に最後のときは、歌丸師匠も落語のこと、落語界のことを誰かに託していきたいとは思わないのだろうか。

数ヵ月前には、「託せる人がいねぇなぁ」と話していた歌丸師匠にもう一度同じ質問をしてみた。すると意外な答えが返ってきた。

「本当言うとね、3人いるんですよ。あっ、これだなって思う人がね。私が圓楽さんから託されたように、私もこの3人なら託せるかなと思っています。ただ私が託す前に、相手が先に逝くかもしれないから、こればっかりはわかりませんがね」

このときには、歌丸師匠が「笑点」の司会を引退するということは絶対的な秘密として伏せられていた。もちろん私たち取材班も知らなかった。だからなおさら、この人なら「託してもいい」という人がいるということにただただ驚いた。「落語家」を引退するのかなとさえ、思ったほどだ。しかし、それは最後のときをしっかり見据えなければならないという歌丸師匠の覚悟そのものだったのだ。

「その3人は誰か教えてもらうことはできませんか?」

私たちはダメ元で聞いてみた。

「言えませんん言えません。大混乱しちゃいますよ」

「人生の終い方」に向けて、少しずつ準備を始めている歌丸師匠。

奇《く》しくも、このNHKスペシャル「人生の終い方」が放送された2016年5月22日は、50年にわたって出演を続けてきた「笑点」を引退する日でもあった。

「体力の限界」が引退理由だが、それでも、落語家としての活動は続けていくという。

放送から2ヵ月後、歌丸師匠は腸閉塞の治療で入院したものの、その後に復帰。8月、芸歴65周年記念の公演で三遊亭圓朝の噺をやり遂げた。

しかし、年が明けた2017年1月にも肺炎で入院。それでも、今回もまた治療を終え、高座にも戻ってきた。そう、まるで「不死鳥」のように。

第3章

団塊世代の父親から家族への最後の手紙
桑原誠次さん

◉池田誠一

定年直後、突然の食道がん

桑原誠次さんに初めて会ったのは、2016年の2月12日。横浜市瀬谷《せや》区で在宅での緩和医療を行う小澤竹俊医師の訪問診療に同行して自宅にお邪魔したのが始まりだった。

「こんにちはー」

小澤医師と看護師が玄関をくぐり、1階奥にある桑原さんの部屋に入る。ベッドの上に横になった桑原さんは、体はやせているが目に力があり精悍《せいかん》な印象。末期の食道がんをかかえる体にもかかわらず、小澤医師の問いかけにきちんと応対されていた。

小澤医師が「退院してきて数日ですよね。この数日の様子はいかがですか」と穏やかに話しかけると、「毎日が忙しいんですよ。毎日、訪問看護やヘルパーの方が来てくれて」と笑みをまじえた表情で応える様子からも、正直なところ、この日の桑原さんは「末期のがん患者」には見えなかった。

ただ、食道がんの手術の影響で大きな声が出せない。私たちが内緒話をするときなどに使うような小さな声で、しかし、ご本人が出せるおそらく最大限の声で話されていた。その姿からは、小澤医師に自分の考えや思いをきちんと伝えようという誠実な姿勢が伝わってきた。

「お体のことをうかがいますが、痛みはありますか」
「ないです」
「ないですか。息苦しさは？」
「ないです。動いたりしたとき、ちょっと呼吸が速くなりますけど、ゆっくり深呼吸すると落ち着きます」

桑原さんはこのとき65歳の団塊の世代。高校卒業と同時に新潟から上京し、郵便局で40年あまり働き、一男一女を育て上げた。定年退職した後、妻のチヨエさん（74）とふたりで海外旅行を楽しむなど、念願だった悠々自適の暮らしが始まって間もなく、食道にがんが見つかった。

入退院をくり返しながら3年間治療してきたが、がんは肺にも転移。この年の1月、余命わずかと医師から告げられる。最後のときを住み慣れた場所で家族とすごそうと、退院して自宅に戻ってきていた。小澤医師が「病院とご自宅とでは、だいぶ違いますか」と問いかけると、「ゆっくりできますね。自宅はゆっくりできます」と話していた。

自分のお通夜のやり方を長男に教える父

このころ、小学生になる桑原さんの孫が、所属する劇団の公演で主人公としてステージに立つことになっていた。本当は見にいきたいが、体力的に今はかなわない。それでもその舞台での活躍を報告しに翌日孫が来てくれるのが楽しみだと話す。

日常生活から離れた「治療の場」である病院とは違い、自分の家だと日常生活の中で家族と語らうことができる。そうした時間を何より大事に、いつくしむように暮らしている。そんな姿が、少しのやりとりの中からでも伝わってくる。

ご家族がみな口をそろえて「律儀で頑固、家族思い。家族のためになることをいつも先回りして考えていた」と言う桑原さん。この日の小澤医師とのやりとりでも、そんな桑原さんらしさがうかがえた。

「今、いちばん気になってらっしゃることは？」

「特にないですね。昨日息子が来てくれたので、だいぶ話しましたし。息子に、お通夜のやり方、教えときました」

「お通夜のやり方教えたの？」

「おばあちゃん（桑原さんの母）のとき、経験あるんで。葬儀社はここ、とか。宿泊は何人とか。自分としては、本当の家族だけでやってほしいので、それは息子にはもう何回か言ってるけど、もう一度言っときました。最初のころはびっくりして、涙浮かべてましたけど、今はもうわかってるというか、もう頭に入ってると思います」

「伝えることができると、気持ちが少し……」

「楽になります」

自分が命を終えたあと、のこされる家族が困らないようにしてやりたい。この時期、桑原さんはまもなく人生の幕を下ろすことを心の中で受け入れ、準備を始めているように見えた。

生きてきた証を言い残すディグニティセラピー

多くの人の最期と向き合ってきた小澤医師も、このような心の持ち方の人に出会うことはそう多くないという。

「伝えると気持ちが楽になる」という桑原さんの言葉を聞いて、小澤医師は、ある「セラピー」を紹介することを決めた。最期を迎えるまでの大切な時間を家族と一緒に、より穏やかな気持ちですごしてもらえればとの思いからだった。

「ご自身が、たとえこの体であったとしても、大事なことを伝えられたり、あるいは選ぶことができると、ご本人も、そしてご家族も、穏やかにすごすことができると思います。今日はこの診察のあと、少し時間をください」

小澤医師が紹介したのは、「ディグニティ（尊厳）セラピー」と呼ばれる精神療法。大切な人に伝えたい、覚えていてほしいことを看護師などの医療従事者に聴き取ってもらい手紙のかたちでのこすことで、人生の最後にその人の生きざま、生きてきた証を家族などで共有しようという取り組みだ。

終末期を迎えた人の中には体を病に蝕《むしば》まれ、それまでできていたことがひとつひとつできなくなっていったり、それまで会えていた友人と会えなくなるなど社会との関係が断たれたりして、深い喪失感に苦しむ人も少なくない。

「自分らしさ」や「尊厳」が失われた状態に陥り、残りの時間を生きることの意味を見失ってしまう人もいる。

「こんな状態で生きていたくない」「早く死にたい」。

終末期の患者と向き合う、多くの医療従事者が耳にする言葉だ。

これまで20年以上、緩和医療に携わってきた小澤医師はこう言う。

「ただ体の痛みや苦しみを取り除くだけではなく、その人がどのように尊厳を取り戻し、ひとりの人間として生きてきてよかったと思えるか」

それを追究し続ける中で出会ったのが、この「ディグニティセラピー」だった。

桑原さんの場合、すでに自らの力で前向きな思いを持って人生の最後へ向けた準備を進めていた。が、それでもあえて小澤医師がセラピーを紹介したのは、家族思いの桑原さんが、思いをかたちにしてのこすための後押しになればと考えたからだった。

「終末期の心を穏やかな状態に導く」9つの質問

セラピーでは、看護師などの医療従事者が、あらかじめ決められた9つの質問を患者に投げかける。

「あなたが人生でいちばん生き生きとしていたのはいつのことですか?」「大切な人に知っておいてもらいたいことや、覚えていてほしいことはありますか」など。

人生でいちばん生き生きとしていたときやその思い出。これまで生きてきた中で誇りとするものや、大事にしてきたもの。それに再び気づいてもらい、心の中で「その人らしさ」を取り戻してもらう。

そしてその内容を聴き取った医療従事者が後日、家族など本人にとって大事な人にあてた手紙のかたちにまとめて、本人に手渡す。

本人はその手紙を家族に渡して読んでもらい、自分にとっていちばん覚えていてほしい姿、いちばん自分らしい姿を家族と共有する。人生のいちばん最後の大切な時間に、その人本来の生き方やのこしたものを思いながら家族は旅立ちを見送る。本人にとっても家族にとっても穏やかな最期を迎えるための取り組みだ。

数日後。聴き取りを担当する小澤医師のクリニックの看護師が、桑原さん宅を訪問した。

2月の半ばは梅の季節。桑原さんは部屋の窓から、自宅横にある数十本の梅林で咲き誇る白い梅の花々のあいだを飛び回るメジロを眺めながら、穏やかに語りかけた。

「鳥が飛んでくるんですよ」

看護師は、セラピーに使う9つの質問が書かれた用紙を桑原さんに手渡したうえで、

「今日は初対面ですし、もうちょっと頭の中で整理するお時間が必要でしたら、また日をあらためますからおっしゃってくださいね」と伝えると、桑原さんは「いや、大丈夫です」と言ってベッド脇から取り出したメガネをかけ、用紙を見つめた。

そして、セラピー開始。看護師が、桑原さんにゆっくりと問いかける。

「あなたの人生の中でいちばん思い出として残っている出来事は何ですか」

「俺の人生って何だったんだろう」と思い起こす

桑原さんは少しだけ間を置いて、はっきりとした口調で答える。

「いちばんの思い出というのは、自分が親になったときだと思います」

「自分が親になったときですね」
「はい、自分が親になったときが、いちばん思い出として強く残っています。俺も親父になったんだなと」
「初めて息子さんを見たときは」
「やっぱり感動しました。自分が23～24歳の若いころの子どもだったので、とにかく自分がしっかりしなきゃと責任感を感じました」

長年、郵便局で働いてきた桑原さん。3つ目の質問、「あなたが人生で果たしてきた役割、職業上の役割、地域社会での役割などのうち、最も重要なことは」との問いには、20代後半だった40年近く前、当時盛んだった労働組合の運動で職場の中心的な役割を果たし、それが生きがいになっていたことを熱く語った。

その一方で、職場の仲間3人が、合理化の進展にともない労使間の闘争が激化する中で職場を去ったことがずっと気になっているという。

このディグニティセラピーで聴き取った内容は、その人が生きてきた証として永久に残される。

9つ目の質問を看護師がたずねた。

「最後にこの記録を作るに際して、ほかに付け足しておきたいことがありますか」

桑原さんは手にしていた質問用紙から目を離して、ベッドの上の天井を見上げるようにして言葉を継いだ。

「自分では、むしろ悔いのない生き方をしてきたと思います。あるとすれば、女房に、退職して60歳過ぎてこれからというときに、こんなになっちゃって申し訳ないと思ってます。ただ、自分の生き方というのは、もう43年も一緒にいれば、しみ込んでいると思います。ただ感謝の気持ちだけです。女房と子どもたちにはありがとうと伝えたいと思います」

聴き取りは、40分近くにおよんだ。看護師が「長くお話しして疲れたんじゃないですか。また帰って手紙にまとめてからご連絡をさせていただきます」と話すと、桑原さんはほっとした表情でわずかに笑みを浮かべ、

「自分も65年の人生を振り返ることができました。あらためて『俺の人生って何だったん

だろう』というのを思い起こすことができて。ありがとうございました」

と枕から頭を上げて感謝を示していた。話の内容は看護師が手紙に仕上げたうえで数日後、小澤医師から桑原さんに手渡されることになった。

小澤医師はこの時期、桑原さんの自宅を1週間おきに訪問、定期的に体の状態を確かめていた。特に気にかけていたのはもともと持病をかかえていた肺の状態。手術の影響で口から食べられなくなった桑原さんは、お腹に開けた小さな穴からチューブを通して栄養をとっていたが、一日3回栄養が入っていくときに少し肺が圧迫されるのか、息苦しさを感じることがあった。

もし今後さらに状態が悪くなれば呼吸が苦しくなって、自宅での生活が難しくなるおそれもあるし、いつそうなってもおかしくなかった。血圧や脈などの体の状態を示すデータはもちろん、ベッド脇でゆっくりと話をしながら、本人の表情や言葉など少しの変化も見逃さないよう気を配っていた。

コミュニケーションを何より大事にする小澤医師は、何気ない世間話の中で、桑原さんが穏やかな気持ちになれるような話題を次々に引き出していく。実は8年前に他界した桑原さんの母親も、今、桑原さんがいる家で小澤医師が看取っていた。部屋の片隅に飾ってある母親の写真を見つめながら、小澤医師は思い出を尋ねる。


「おばあちゃんの思い出というと、どんな思い出がありますか」

「優しかったところですかね」

「優しかった」

「ええ。ただ、厳しい人でした。厳しいっていうか……」

「優しいけれども、厳しい人」


小澤医師は相手の言葉を反復し、受け止める。そうすると、相手がまた言葉をつないでいく。つながれた言葉によってその人の中にある思いが引き出され、大切にしているものや思いに近づいていく。大切にしているものを知ることができれば、最後の時間を穏やかにすごすために何が必要なのか考え、支えることができる。ディグニティセラピーも、そのための方法のひとつだ。

妻、息子、娘に手紙で伝えたこと

この日、小澤医師は看護師が聴き取った内容をまとめて完成した手紙を持参、ベッドの上の桑原さんに手渡した。

「奥様と息子さん、娘さんの3通、作ってあります」

「ありがとうございます」

「この手紙は、まずは桑原さんにお渡ししますが、ご家族にはどのようなかたちで渡したいとお考えでしょうか」

「そうですね。自分からの手紙ですから、できれば3人がそろったときに、3人に渡したい」

「3人そろってるときに、3人に渡したいということですね」

「個別にではなくて、3人で一緒にいるときに、これこれこうで作った手紙だということで、渡したいと思います」

「わかりました。ではこちらに置いておきますね。息子さん、娘さんがそろうのは、今度はいつぐらいでしょう」

「早ければ、今度の土曜日」

「どんな表情を息子さん、娘さん、されますかね」

「びっくりするんじゃないですか。言葉としてはいろいろ話しながら育てたつもりですが、こういうのをかたちとしてのこす、というのは初めてです。読んだら、3人ともびっくりして半泣きするかもしれませんけど……。でもひと呼吸おけば、冷静に受け止めてくれると思っています」


そして数日後。2月末の土曜日のお昼前。

私たちが桑原さん宅にお邪魔すると、桑原さんの息子の政弘さん(42)、娘の真紀さん(37)がそろっていた。

少し緊張しているような表情で桑原さんは「おいで」と声をかけ、別室にいた妻のチヨエさん、政弘さん、真紀さんを近くに招き寄せた。そして、3人に一通ずつ、封筒に入った手紙を手渡した。

「力強く、65年間生きた証、最初で最後の手紙、読んでください」

詳しい内容を知らされないまま呼ばれ、少し戸惑った様子でベッド脇に佇《たたず》む3人に、優しく声をかける。

「なんか、不思議な気持ちで。初めてだからね。まあそこに座って、3人とも読んで。そんな、悲しくなるような手紙じゃないから」

手紙の題は、「私の大切なお母さん　政弘　真紀へ」。

便せん3枚にわたって綴られているこの手紙は、小澤医師のクリニックの看護師が聴き取り、まとめたものだと説明書きがある。

まず、「私の人生の中でいちばん思い出として残っている出来事は何ですか」と聞かれました。

いちばんの思い出は、自分が親になったときだと思います。生まれてきた政弘を見たときは感動ものでした。とにかく自分がしっかりしなきゃ、自分自身を奮い立たせて頑張んなきゃという責任感も感じました。政弘は男の子だから、のびのびと強い子に育ってくれればいいと思って育てました。

政弘と真紀、ふたりともよい子に育ってくれて、今はふたりともよきパパとママになっていて、もう安心です。

お母さんとはふたりで何とか恥ずかしくない家庭を作って恥ずかしくない子育てをして、何とかやってこれました。定年退職して、これからというときにこうなってしまってかわいそうだと思っています。ただ感謝の気持ちだけです。人生に悔いはありません。お母さん、政弘、真紀、ありがとう。

２０１６年2月17日　桑原誠次

手紙をその場で読む3人。読み進むうちに、真紀さんの目からは涙があふれ出た。見守る桑原さんの目も、涙でにじんだ。

読み終わってチヨエさんが、桑原さんに語りかけた。

「これは、私たちの一生のお守りだからね。子どもたちも、お父さんの後ろ姿を見てしっかりと自分たちの子どもを育ててくれるからね。大丈夫」

手紙の最後には、20年あまり前、家族旅行に行った際の一家4人の写真が印刷されている。桑原さんが選んだ一枚だった。家族で紡《つむ》いできた思い出が、よみがえった。

真紀さんは、父からの手紙に、涙が止まらなかった。

「初めてだったので、こんなちゃんとした手紙だと思わなくて……。生まれてから今日までの思いが、伝わってきました」

政弘さんは、手紙を読んだあと、これからの時間のすごし方を考えていた。

「いなくなってから手紙をもらうともう何にもできないですけど、まだ元気なうちにもらえたんで、あらためてまた親孝行できる時間が生まれてよかった。やっぱりたぶん今気にしてるのは孫の成長だと思うので、ちょこちょこ顔を見せに連れてきてあげたいなと思います」

これまで伝えられなかった思いを、かたちにして伝えた桑原さん。手紙を渡す前は少し緊張していた表情が、和らいだ笑顔になっていた。

「『ありがとう』という思いを態度では表しても、言葉ではなかなか言わなかった。なんか、ホッとした。やっぱり娘が泣くとは思っていたけど、かわいそうだったかな。でも子どもたちもだんだん、強く生きるようになっていると思うし、大丈夫だと思います。強く生きてくれると思います。よかったです」

それから1ヵ月あまり。桑原さん宅近くの桜並木が満開を迎えた4月5日の朝。桑原さんは家族に見守られて静かに息を引き取った。

連絡を受けた小澤医師が自宅に駆けつけ、桑原さんの部屋へ。桑原さんは、苦しみのない、穏やかな表情をしていた。

「桑原さん、今日まで本当におつかれさまでした」

桑原さんは亡くなる前日も、家族と普通に会話することができていた。

最後にやりとりしたのは、息子の政弘さん。

「もう会うのは最後かもしれないから、そのときはひげだけ剃《そ》ってくれよ」

少し冗談まじりに聞こえた桑原さんの言葉に、政弘さんも「ああ、わかったわかった」

と軽い調子で答えていた。

「何を言うのかと思ったら、そんな話で。父は最後の最後まで全部自分でやってきたきちょうめんな人だから、ただそこだけ気になってたんでしょうね。ひげだけは。きれいな格好でサッパリして逝きたいと思ってたんでしょうね。もうちょっと柔軟な人でもいいんですけどね。きっちりじゃないと気がすまない」

がんが見つかってから3年。家族を慌てさせたり、心配させたりしないよう、最期のときへ少しずつ準備を進め、最後は手紙というかたちにして家族に思いを届けて旅立った桑原さん。そのおかげで次第に心の準備ができていった家族の顔には、悲しいはずの別れの日にも悲嘆にくれる表情はなかった。

「ああとうとう逝ったね……という感じで、3人とも見送れたような感じですね」

と言う政弘さんの言葉に、そのことが凝縮されていた。

長く桑原さんの在宅生活を支えてきた訪問看護師たちが桑原さんの体をきれいに整えたあとで、約束どおりシェーバーを使って父のひげを丁寧に剃っていく政弘さん。その姿を家族で見守りながら、生前の桑原さんの思い出話がぽつぽつと出てくる。

妻のチヨエさんに代わって、真紀さんのためにときどき弁当を作って持たせ、それがおいしかったこと。政弘さんが高校時代、ラグビー部の試合のときには忙しい仕事の合間を縫ってよく見にきてくれていたこと。思い出話に花が咲く家族の姿からは、むしろ愛する父親や夫の「旅立ちのとき」をしっかりと見送ることができたすがすがしさ、喜びがあふれていた。

長く家族で暮らしてきた家に、ひとり残されたチヨエさん。桑原さんからの最初で最後の手紙を、台所のテーブルの引き出しに大切にしまっている。そして、ときどき取り出しては読み返している。

「ふたりだといろいろ話してたのに、ひとりになると話しかける相手がいなくなって。今では遺影の写真によく話しかけてるんですよ」

でも、遺影は話しかけても答えてくれない。そんなときに手紙をそっと取り出す。

「手紙は、話しかけてきてくれるでしょ。だから寂しいなと思ったときに読むと、また元気になれるっていうか。私にとってはお守りですね。一生のお守り」

桑原誠次さん、享年66。

思いをかたちにしてのこすことで、今も家族を見守り続けている。

第4章

幼い子どもに何をのこすか
葛藤する35歳の父
小熊正申さん

●原拓也

パパのそばを離れない子どもたち

「こんにちは」玄関を開けると出迎えてくれたのは、ふたりの子どもたちだった。

小学4年生の小熊《おぐま》海ノ介君（9）、幼稚園年長の海愛《みあ》ちゃん（6）だ。

玄関からガラス戸一枚を開けると、広さ15畳ほどのリビング・ダイニングに置いてあるコタツに、彼らの父親小熊正申《まさのぶ》さん（35）は座っていた。

北海道札幌市の郊外、妻と子どもふたりの家族4人で暮らす小熊さん一家に出会ったのは2016年1月のことだった。札幌市内で在宅医療を担っている医師から「自らの『人生の終い方』を考えてらっしゃる方がいます」と紹介されたのが小熊さんだった。

小熊さんは、末期の腎臓がんを患っている。2年半前に判明し、これまで手術や入院を続けながら闘病してきたが、8ヵ月ほど前からは在宅治療に切り替えた。がんがほかの臓器や骨に転移し、これ以上積極的な治療を続けても治癒は難しいとされたためだ。

医師から告げられた余命は数ヵ月。せめて、その残された時間を家族とともにすごしたいと小熊さんは家に戻ってきた。

35歳という若さで、「人生の終い方」に向き合わざるを得なくなった小熊さん。同世代の身として私は、小熊さんが少し悲しそうに微笑みながら子どもたちを見つめている顔を見ると、何とも言えず胸がしめつけられた。

私は今回の番組意図を説明し、小熊さんが最後の日々をどうすごし、誰に何をのこしていきたいと願うのか、ともに時をすごしながら記録させていただきたいと伝えた。

言葉を選んだつもりではあったが、それでも「もう余命は長くはない」ということを突きつけているようで、小熊さんを傷つけていないか心配になった。

私が話をしているあいだ、小熊さんはずっとこちらの目を見てひとつひとつうなずきながら聞いていた。目にはうっすらと涙が浮かんでいる。そして笑顔でこう答えてくれた。

「やっぱり家族のために少しでも長く生きていたい。家族と一分でも一秒でも一緒にいたいと思って病院から帰ってきました。こうした何気ない時間、晩ご飯の匂い、そうした何でもない出来事がとても愛しいなってすごく思えて。だから、こうした何気ない日常を大切に生きていきたいと思っています。その思いが取材を通して伝えられるなら受けさせていただきます」

小熊さんは、すぐそばでゲームをしている海ノ介君、お絵かきをしている海愛ちゃんの顔をとても優しい表情で見つめていた。

当たり前の日常を当たり前のものとして受け入れていた自分にとって、小熊さんの言葉はとても重たく、心に響いてきた。と同時に、取材を受けることに対する強い覚悟を感じた。

小熊さんが退院してくるまでは、学校から帰るとよく友達と遊びに出かけていた海ノ介君。しかし、小熊さんが家に戻ってきてからは、学校が終わるとすぐに家に帰り、父親のかたわらですごすようになったという。

そうしろと両親が言ったわけではなく、海ノ介君自らそうしているのだ。海愛ちゃんも、小熊さんを取材しているあいだ、邪魔にならない程度の距離を置いて、それでもいっときも小熊さんと離れたくないというように、すぐ近くでお絵かきなどしている。

小熊さんが誰よりも子どもを愛しているように、子どもたちも〝いっときでも一緒にいる時間を大切にしたい〟そんな、それぞれの思いが伝わってくる。

かつてレンタカー店で働いていた小熊さんに代わり、今家計を支えているのは、看護師をしている妻の由美子さん（35）だ。この日も仕事に出ていたため、お会いすることはできなかった。

目標は娘の小学校入学式への出席

「今、僕が目標としていることがあるんですよ」ふと、小熊さんが言った。

それは3ヵ月後に控えていた海愛ちゃんの小学校の入学式に出席することだった。余命を考えれば、ぎりぎりのところだった。

もしかしたら出席することができないかもしれないと考え、家族は海愛ちゃんがランドセルを背負った家族写真を事前に撮影していた。ピンクのランドセルを背負った海愛ちゃんを囲むようにスーツを着た小熊さんと、由美子さん、そして海ノ介君が笑顔で並んで写っている。

〝写真だけではなく、実際に出席して、海愛のランドセル姿をこの目で見たい〟

それが今の小熊さんが一日一日を必死に生きる原動力ともなっていた。

「この前も、妻と話していたんですよ。『海愛の入学式までは頑張ろうね』って。そしたら海ノ介が僕の中学校の入学式までって……」

小熊さんの言葉がつまった。目には大粒の涙がたまり、下を向くと次々と涙があふれてきた。その瞬間、そばに座っていた海ノ介君がそんな小熊さんの状況を察して、ティッシュ箱を持ってきて何も言わずに手渡した。

そのまま父親の後ろに座ると、海ノ介君は父親に代わって続きを話してくれた。

「パパが『海愛の入学式まで頑張ろうね』って話していたから、『いやいや、僕の中学校の入学式まで頑張って』って話した」

その言葉を聞くと、小熊さんも遠くを見つめるようにして力強く言った。

「だから僕もなんかチャンスがあって、見られるんじゃないかなっていう希望は捨ててないんで。どうしても体調が悪いと気持ちも滅入《めい》っちゃうんで、そういうときにやっぱり、本当にこのふたりから、勇気と元気をもらってますね」


子どもたち、家族のために生きていきたいと話す小熊さん。取材を受けてくれた真意を知ったのは、それから1週間後、2回目に訪れたときだった。この日は由美子さんも仕事が休みで、初めて一緒に話を聞くことができた。

「パパが取材を受けるなんて、本当に驚きでした。最初にクリニックの先生から話が来たとき、ふたつ返事で『受ける』って言ったんですよ。いつもはあまり前に出たがらないタイプですし、ましてや取材なんて、いつものパパなら考えられないです」

小熊さんが取材を受けた理由は、自分と家族が一緒にすごしている時間を記録に残してほしいと考えたためだった。まだ幼い子どもたちにこれから成長して大きくなっても父親である自分の記憶を心に刻んでいてほしい……そのためにも映像としてのこせるならばと、貴重な時間を取材に割《さ》く決断をしてくれたのだ。

そしてそれだけでなく、自分と同じ境遇にある末期がん患者も、同じように子どもたちに何をしてやればいいか悩んでいるに違いない、少しでもヒントになればという思いがあった。若くして「人生の終い方」に向き合わざるを得なくなった小熊さんだからこそ、その苦しみが痛いほどわかるのだ。

「できたら、妻や子どもたちにも何かを伝えたり、のこしてやりたいと思っているんですよね。でも、それが何なのかまだわからなくて……」

小熊さんは、家族と一緒にすごすだけでなく、たとえばメッセージなどで、これから自分がいなくなっても家族が前向きに歩んでいけるような何かをのこしたいと思っていた。しかし、それが何なのか、本人にもまだ見つからないのだという。

「言葉やものがなくても、お父さんが子どもを大切にしている気持ちはきっと、海ノ介君や海愛ちゃんにしっかり伝わっていると思います」

素直に感じたことを伝えると、小熊さんは「そうだといいですけどね」とつぶやき、またふたりの子どもたちを優しいまなざしで見つめていた。

自然の中でさまざまなことを教えてきた

「これ、参考になりましたら」

由美子さんが金属製の箱をかかえるようにして持ってきた。中には膨大な数の写真やビデオカメラのＳＤカード、昔の８ミリテープなどが入っていた。それは小熊さんたち家族の、数々の思い出そのものだった。

小熊さんは仕事をしていたころも、休日には何よりも家族との時間を大切にしてきた。

９年前に海ノ介君が生まれるときの出産シーン、家族みんなで家のリビングでお昼ご飯を食べているシーン、お風呂あがりだろうか、小熊さんがビールを飲むかたわらで海愛ちゃんがじゃれているシーン……。

そこには、どこにでもある、普通の温かい家族の姿が記録されていた。

小熊さんと由美子さんは大のアウトドア好きで、家族みんなで出かけたときの思い出も数多く記録してあった。ワンボックスの車のトランクには、キャンプグッズがぎっしり積み込まれ、毎週のように出かけていたという。

小熊さんはそうした自然の中に家族で出かけていっては、さまざまなことを子どもたちに教えてきた。キャンプでの火のおこし方や、釣りの仕方など。いつも小熊さんは、子どもたちの先生となり、少しずついろいろなことができるようになる子どもたちの成長に喜びを感じてきた。

「パパはね、勉強は二の次だって言うんですよ。それよりも自然の中で遊んで自然からいろんなことを学ぶほうが大切だって」

由美子さんが言うのを聞いて、海ノ介君も誇らしげに言った。

「パパは何でもできるんだよ。火をおこすのもうまいし、サーフィンも教えてもらったんだよ」

小熊さんの家の壁にはサーフボードが数枚立てかけてある。由美子さんとそろってサーフィンが趣味なため、これまでも家族全員で海に出かけてはサーフィンを楽しんできた。

由美子さんから借りたＳＤカードの中にもサーフィンをしている映像がいくつも残されている。

砂浜の向こうに広がる海から、サーフボードにしがみつきながら波に押し寄せられてこちら側に猛スピードで迫ってくる海ノ介君の姿が映し出される。そして海ノ介君に向かって叫ぶ、由美子さんの声が聞こえてきた。

「海ノ介、大丈夫大丈夫！　立ってごらん立ってごらん」

今にも泣きそうな表情をしている海ノ介君。初めてサーフィンを始めたころの映像だろうか、立つことなどとうてい難しい様子だった。

海愛ちゃんは、浅瀬のほうでボードの上にちょこんと座り波にゆらりゆらりと揺られるのを楽しんでいる。

小熊さんが、浅瀬で子どもたちが乗るボードがひっくり返らないように手で支え、どうバランスをとるかなど、コツを丁寧に教え込んでいる映像もあった。

サーフィンだけでなくきっとこうしてひとつひとつ、小熊さんが子どもたちに手とり足とり、楽しみながらもいろいろなことを教えてきたのだろう。

取材の中でこうした思い出を子どもたちに聞くと、口をそろえるようにして言う。

「あのときパパがね、あれを教えてくれたんだよ」

「パパはあれをするのが上手なんだよ」

小熊さんは、子どもたちにとっての先生であり、ヒーローでもあるのだ。

夫の闘病から始まった妻のブログ

一家の生活を突如一変させたのが、2年半前、小熊さんにがんが見つかったことだった。背中のあたりに痛みを感じ、整形外科に行ったが、腰のヘルニアが原因だと診断された。

腰を気遣いながら生活していたが、痛みはますます大きくなり、歩くことも容易ではなくなっていった。

「これはさすがにおかしい」別の病院に行くと、すぐさま精密検査を受けることになった。診断は腎臓がん。しかも骨盤などの骨や脳にも転移があり、すでに末期状態であることがわかったのだ。

歩くと骨に負担がかかり危険なため、その日から松葉杖や車椅子での生活が始まった。それは家族がともに病と闘い、向き合う生活の始まりでもあった。

由美子さんは、小熊さんのがんが判明してから1年半ほど後、始めたことがある。告知されたときの心情を振り返ったり、闘病の記録を発信したりするブログだ。がんで苦しむ患者やその家族の参考になれば。そして、できれば情報交換したりする中で、おたがいの励みになればとの思いだった。

いちばん初めのブログの文章は、がんの告知を受けたときの記憶をさかのぼり、綴られたものだった。


腎臓癌ステージⅣ、全身骨転移、リンパ節転移、脳転移…

ヘルニアと思って治療していた腰の痛みが取れず整形外科を変えて検査したところ「うちの科ではないので、急いでここの病院にかかって下さい。」と先生から紹介された病院は……

がんセンター。

「すぐ入院して下さい。このままだと一年です…」

32歳の夏、突然過ぎる末期ガンの告知。

この日から、パパの辛い治療が始まりました。

2013年8月　パパにとっても私たち家族にとっても今までの生活を180度変える突然の宣告でした…

そのとき、小熊さんは不思議なほど冷静だったという。少なくとも表だっては取り乱すこともなく、むしろ、のこされた時間をいかに生きるかのほうが重要だと、家族に伝えていた。

〝心配をかけたくない〟という思いがあったのかもしれない。

「絶望」ではなく、現実を受け止め「これからをいかに生きるか」という思考に切り替えた小熊さん。その問いは「いかに家族のために最後のときをすごしてあげるのか」ということそのものだった。

「治らないなら…
ガンと一緒に生きればいいよね？
誰だっていつかは死ぬんだから、
死ぬまで楽しい時間を過ごせばいい…
子供たちの事を考えると涙が出るけど、
出来るだけ長く出来るだけ一緒に

充実した時間を過ごしたい…」
その時、パパは、泣いている私をなだめ
笑顔でそう言いました。
私は涙が止まらないのに、
パパは本当に強くて前向きな人です。（中略）
治療しながらも出来るだけ家族の時間を一緒に、大切に過ごす事を決めました！
大丈夫。
希望はいつだってあるから、希望を持って、前向きに生きよう!!

小熊さんは入院を続けながら、週末だけは家族とすごしたいと帰宅。空手を習っている海ノ介君の大会のときには車椅子で駆けつけるなど、病と闘いながらも家族との時間は最優先にしてきた。

家族の前では決して絶望したり、弱音を吐いたりしない小熊さん。しかし、由美子さんは若くして夫の「死」と向き合わざるを得なくなった事態に混乱し、受け止めきれない苦しい胸の内も綴っている。

「夫も頑張っているのだから、私も前向きに生きなければ」という思いと「死とどう向き合えばいいのか」という思いの葛藤。
そばで見守る家族にとってもつらい日々が続いていた。

突然のガン告知。
余命宣告。
私だったら、現実を受け入れる事が出来ただろうか…
私だったら、平穏な気持ちを保つ事が出来るだろうか…（中略）
親や友人、周囲の「死」を経験し、平均寿命に近づいた老年期の
「死」
に対する考え方と
働き盛り、子供たちの成長、
周りも健康なんかかえりみず、働き、夢を追い、家族の時間を楽しみ、活気に溢れた生活をしている壮年期に考える
「死」

今の私たちに「死」は、まだ少し遠い存在で、普通に生活していたら、
その事を意識する事なんてなかったはずだ…
それはきっと、パパにとっても同じはず…
しかし、突然目の前に立ちはだかった
大きくて、暗くて、恐怖でしかない
「死」
そんな事を簡単に、受容するなんて事、出来るはずがない…
どう　受け入れていったら良いのか、
私にはわからず、
ただただ涙しか出ませんでした…

そして私たちが小熊さんと出会ったのが、がん告知から2年半が経とうとしていた2016年1月。
小熊さんも、やはり自らの最期がそう遠くないということについては、冷静にとらえているると話した。

「人はいつかは死ぬ。それが自分は少し早いだけのこと。だからこそ、今をいかに濃く生きるかが大事だと思っています」

なぜそこまで冷静に、強く生きられるのか。同世代の身としてただただ驚くばかりだった。

「子どもたちと一緒にいてあげたいと話しましたけど、本当は僕が子どもと一緒にいたくて、逆に子どもたちから元気を与えてもらっているんですよ。夜寝るときとかは不安になったりするけど、一緒に寝ている子どもの顔を見ていると安心するといいますか……」

子どもの存在が、少なからず、今の小熊さんの心や生きる力を支えている。そして、由美子さんも、不安や受け止めきれない気持ちを抱えながら、そんな夫を支えようと必死に寄り添っていた。

自らの「終い方」と向き合いつつも、生きることをあきらめない夫・父親としての小熊さんの姿が家族に前を向いて歩く勇気を与え、それがまた小熊さんに力を与えているのだった。

体の痛みが強くなっていく中、小熊さんは由美子さんとともに札幌市内にある、「がんセンター」に向かっていた。

〝治療して治る見込みはない〟と医師に告げられながらも、放射線治療や、新薬の治験に参加したりと、一日でも長く生きたいと病と闘い続けていた。

自宅から病院までは車で30分ほどの距離だ。移動するときはいつもボンベ式の酸素吸入器が欠かせない。

助手席に座った小熊さんは車中、ほとんど話をしなかった。「体調大丈夫ですか?」「今日は暖かいですね」などと水を向けても「はい」といった簡単な受け答えが返ってくるばかりだった。「話をしなかった」のではなく、「できなかった」のだろう。

体を起こしているだけでも痛みがともなうため、普段自宅ではご飯などを食べるとき以外は、リビングのすぐ横の寝室で横たわっている。この日、起き上がって着替えをし、靴をはき、車に乗って座り続ける。今の小熊さんにとってはとても大きな負担なのだ。

沈黙のまま車は病院へと向かっていった。

病院に到着すると、由美子さんが車椅子を押し、放射線室へと移動した。放射線を当てるため下腹部のあたりの服をめくったとき、小熊さんのやせ細った体が見えた。

元気だったころの、上半身裸でサーフィンをしたりバーベキューをしたりする小熊さんの写真はとても筋肉質で引きしまっていた。その残像が頭をよぎる。

病は確実に小熊さんの体を蝕んでいた。「家族のために一日でも長く生きたい。そして、できれば幼稚園生の娘、海愛の小学校の入学式に出席したい」そう話していた小熊さんの言葉が思い出される。

その入学式まであと3ヵ月。何とか出席してほしいと私たちも祈るような気持ちで取材を続けていた。

「立ち向かうこと、あきらめないこと」

「家族のために何かを伝えたり、のこしてあげられたりすれば……」

自らの「人生の終い方」について、そう話してくれた小熊さん。

ミニーマウスが表紙を飾る、一冊のA4判のノートに、その思いを記していた。そのノートは小熊さんが在宅治療に切り替え、自宅に帰ってくる前の入院中につけていた日記だ。

私たちのインタビューには、最期のときについては冷静にとらえていると気丈に話していたが、そこにいたるまでには、さまざまな葛藤を経ていたことも伝わってきた。

自分が自暴自棄になるというか、何のために誕生したのかもわからない。誰が悪いじゃなく、俺が悪い。生きていても死んでも迷惑をかけてしまう。どうしたらいいのか。（中略）自分らしく？　そんなのはわからない。俺の命の価値はあるのか。

若くして人生を終えるときが来ることへの、怒り、絶望、葛藤、苦しみ……。そうしたものを飲み込み、いや、今もかかえながらなお、前向きに生きていきたいと考えているのだ。

そして、その残された時間の中で、これだけは子どもたちに教え、伝えたいと記された部分があった。

「**子どもたちに教えたいことは、立ち向かうこと、あきらめないこと**」

もう自分は、これまでのように、子どもたちのそばにいて一緒に生きていくことができない。まだ幼い子どもたちがこれから成長し、さまざまな壁にぶつかることも少なくないはず。しかし、そのとき自分はもういない。何か解決策を示したり、励ましたりもすることはできない。

だからこそ、どんなときも「立ち向かい」「あきらめない」で生きていくことの大切さを伝えたいと考えたのだ。

しかし、そのことをどう伝え教えたらいいのか、なかなか言葉が見つからないという。

「伝えたいことが山ほどあるっていうことと、これからやっぱり一緒に経験を積んで教えていきたいことがたくさんありすぎたからですかね。パパが昔こう言ってたよねじゃなくて、パパこれはこうだよねだとか、そういった感じで、近くでいろんなことを教えてあげたかったたし。やっぱり、今、メッセージとして思いを込めるには言葉が見つからないんです」

以前、小熊さんは、携帯電話にメッセージを収録してのこそうと考えたことがある。しかし、いざ誰もいない部屋で収録しようと思っても、どうしても言葉が出てこなかったという。

家族を思うと、出てくるのは涙だけだった。

どう言えば、まだ幼い子どもたちの心にきちんと届くのか。これから人生を歩み、成長を続けていく子どもたちに対して、ひとつの言葉なりメッセージで「立ち向かい」「あきらめない」ことの大切さを伝えきることは至難の業《わざ》だった。

このインタビューをしているとき、隣で聞いていた由美子さんが、大粒の涙を流しながら言った。

「パパ、ありがとう。私たちのことを思ってそう考えてくれているだけでうれしい。本当言うと、私ももしひとりになったとき、子育てとか将来のこととか、ものすごく不安がある。特に海ノ介とか男の子だから思春期になったときとかどう接していいのか、どう寄り添っていけばいいのかとか、不安で不安で。でも、パパがメッセージをのこそうとしてくれていること、それはきっと、これからの私たちの宝物になるよ」

由美子さんの言葉に、小熊さんは微笑みを浮かべた。

由美子さんは、続けて静かにつぶやいた。

「言葉は悪いかもしれないけど、町の中を仲良く並んで歩いている老夫婦とか見ると、ときどき複雑な気持ちになるんです。私たちも当然そうなるはずだって思っていたし、何で自分たちばっかりこんなに苦しまなければならないんだって」

　それを聞いて小熊さんも答えた。

「でも、俺はまだいいほうなのかもしれないよ。幼くして亡くなる子もいるんだし、突然命を奪われる人も大勢いる」

　あくまでも冷静に、由美子さんを落ち着かせるように言った。家族に心配をかけたくない、そして家族にはこれからも前を向いて歩いていってほしい。

　そのためにも、小熊さんはメッセージとなる言葉を探し続けていた。

スノーボード合格でパパに元気をあげたい

　息子の海ノ介君は、そんな小熊さんを励ましたいと続けていることがある。スノーボードだ。小熊さんに3歳のころ連れていってもらったことがきっかけで夢中になり、大会では全国のジュニア部門で5位の成績を残したこともある。

「自分が頑張っている姿を見せて、パパにも頑張ってもらいたいみたいです」

　由美子さんが海ノ介君の心情を推し量って言うと、海ノ介君は少し恥ずかしそうにうなずいた。

実はこのとき、海ノ介君が目標としていることがあった。数週間後に控えたスノーボードの技能試験で大人でも難しい検定1級をとることだ。去年も挑戦したが落ちてしまい、今年こそはと練習を続けてきた。

検定試験当日、私たちは海ノ介君に同行取材することにした。朝、自宅に向かうとすでに海ノ介君はスノーボードのウェアに着替え、準備はすべて整っている状態だった。しかし、顔はどこか緊張気味で、いつもは笑顔いっぱいの表情も固く、そわそわしている。

スキー場に向かう車中で、聞いてみた。「緊張してる?」

海ノ介君は「ううん、大丈夫」とひと言。しかし、スキー場が近づくにつれ、明らかに言葉数も少なく、緊張の度合いが高まっているようだった。

海ノ介君にとって今回の試験は、ただ単に合格か不合格かという意味合いだけではない。余命数ヵ月と告げられ、ここのところ体調が悪い日も多い父のため、何とか合格して喜んでもらいたいのだ。

「それでは検定試験を始めたいと思います」

試験官を務めるインストラクターが、今回の試験を受ける10人ほどの子どもたちに告げると、みな一様に顔が引きしまった。

山頂へと昇るゴンドラの中で海ノ介君と並んで座る。ときおり、ゴンドラを吊るすロープのつなぎ目のところで「ガタン」と音がする以外は、沈黙が続いた。

頂上に着くと準備運動を行い、ボードを足に装着し、あとは試験開始を待つだけだ。

「これで合格したらパパ喜ぶよね」

突然、海ノ介君が口を開いた。

「この試験、絶対頑張って合格したい。僕も頑張っているから、パパも頑張ってって伝えたいんです」

わずか9歳の少年の目は、まるで何か決心をしたときの大人の目のような真剣さと迫力に満ちていた。

海ノ介君の番号が呼ばれ、スタート地点に立つ。そして、ひとつ大きな深呼吸をすると、一気に下に向かってすべり出した。決められた範囲内を決められたターン数と技ですべり降りなくてはならない。

海ノ介君がターンをするたびに、白い粉雪が舞う。スピードはほかの選手に比べるとそれほど速くなかったが、その分とても慎重に、正確にすべっていることが素人目にも伝わってきた。すべりきって、ゴーグルを外した海ノ介君には重圧から解放されたのか、安堵の笑顔が見えた。

午後、ゲレンデに建つ、食堂などが入ったコテージ内の会議室に、海ノ介君たちすべり終えた子どもたちが集められた。合格発表が言い渡されるのだ。

子どもたちどうし、雑談をしたり、笑い声が各所で上がる中、「ガチャ」という音とともに、先ほどの試験官が入ってくると、会議室中の音はぴたっと鳴り止み、静寂に包まれた。一気に緊張感が漂う。

「それでは合格発表を行います。●番△△君、合格！」

そのたびに、「おー」という歓声とともに割れんばかりの拍手が起こる。

いよいよ海ノ介君の番だ。

「●番、小熊海ノ介君……、合格です。おめでとう！」

その瞬間、海ノ介君のほうを見るとガッツポーズをしている姿が見えた。会場内からも祝福の拍手が鳴り響いていた。

うれしい反面、ほっとしているようで、海ノ介君の目にはうっすらと涙がにじんでいる。

応援に来ていた由美子さんと、海愛ちゃんも駆け寄り、「おめでとうおめでとう」と何度も声をかけていた。

「どうする？　今パパに電話で連絡する？　朝からずっと気にしていたから。それとも……サプライズで帰ってから報告する？」

由美子さんが海ノ介君に聞くと「帰ってから驚かせたい」と答えた。

由美子さんの車で自宅に帰り、車から降りると海ノ介君は、一刻も早く小熊さんに報告したい一心で玄関のほうへと走っていった。

カメラマンなど取材班も追いかけるようにしてあとを追う。

そのときだった。玄関に入る前、靴を脱いで準備をしている海ノ介君の横を海愛ちゃんが通り越し、先に家の中に入ろうとしたのだ。

「海愛、待て、待てったら！　バカ！　先に行くな」

海ノ介君が怒鳴る。その言葉に海愛ちゃんも反応し、玄関先でけんかが始まり、海愛ちゃんが泣き出してしまった。

どこにでもありそうな兄妹げんか。しかし、私たち取材班がこのふたりがけんかをするのを見たのは初めてのことだった。

「パパに心配をかけたくない」と小熊さんの前では、絶対にけんかをしないと決めているというのだ。

由美子さんが割って入って、それぞれおたがいにあやまり、仲直りした。海ノ介君、海愛ちゃん、どちらも小熊さんの喜ぶ顔を一刻も早く見たいと願ってのことだった。

玄関を開けて「ただいま～」と海ノ介君が大きな声で言いながら、一目散にベッドで横たわっている小熊さんのほうへと向かっていった。

「おー。お帰り！　海ノ介どうだった？」

小熊さんは聞きながら、海ノ介君が無言で手渡した合格証を手にした。

「おっ、合格！　やったじゃん。おめでとう！」

海ノ介君とグータッチし、あふれんばかりの笑顔で海ノ介君を祝福していた。ふたりの姿を海愛ちゃんもすぐそばに座ってうれしそうに見つめている。

「本当に今まで頑張ってきたもんな。よかったおめでとう」

こんな笑顔の小熊さんを見たのは私たち取材班も初めてだった。

由美子さんによると、小熊さんは海ノ介君が帰ってきたら合格でも不合格でも元気な姿で「おつかれさま」と言ってあげたくて、朝から点滴や薬で体調を整えていたのだという。

着替えるために、海ノ介君が寝室から出ていったあと、小熊さんが言った。

「僕を励ましたいという、その思いがうれしいんですよね。それがあいつの優しさなんだと思います」

10歳の誕生日に異変が

1月19日、小熊一家の食卓は、から揚げやピザなどで華やかに彩られていた。この日は海ノ介君の10歳の誕生日。何日も前から家族みんなで楽しみにしてきた日で、壁には「Happy Birthday」と書かれた飾りつけも施されていた。

しかし、午後7時ごろ、私たち取材班が自宅を訪れると、由美子さん、海ノ介君、海愛ちゃんは、どこかうつむき加減で表情が暗かった。

実はこの日、小熊さんは体中、かつてないほどの痛みに襲われていたのだ。由美子さんが、在宅クリニックの診療所に電話連絡をし、状況を説明している。呼吸の状態、血中酸素など自宅でとった数値を説明し、具体的な指示を受ける。

電話口の向こうの看護師は、心配であるなら、一度入院する手もあると説明しているようだった。

しかし由美子さんの表情は険しかった。

「一度入院させると、もう自宅に戻ってこられなくなる可能性もあるんですよね？　それだけはしたくありません。パパの唯一の願いは、家族といつも一緒にいて、この家で最期を迎えることなんです」

看護師をしている由美子さんにとっても、難しい選択だった。病院で少しでも苦痛を和らげてあげたい……。でもいったん入院してしまうと状況次第ではそのまま病院から出てこられなくなることも少なくない。そのことがわかっているからだ。

寝室のベッドにいる小熊さんの状況を頻繁に確認し、痛みの程度を尋ねている。どんなにつらくても「この家から離れたくない」という小熊さんの意志を尊重し、何とか薬や酸素吸入で乗り越えたいと考えていた。

私たちも遠目から小熊さんの状況を確認してみる。酸素マスクをつけ、目がうつろに見えた。薬の影響だろうか、それとも痛みからだろうか、意識が朦朧《もうろう》としているようだった。

「まだ痛みは強い？」

「うん」

由美子さんの問いかけに、答えるのがやっというくらい小熊さんは衰弱していた。

1時間近く、由美子さんが小熊さんや在宅クリニックとの連絡対応に追われているあいだ、海ノ介君と海愛ちゃんは、ひと言も文句を言わず、ずっとゲームやお絵かきなどをしながら待っていた。

夜8時を過ぎ、お腹もすいているはずだし、楽しみにしていた誕生日会が難しくなり、残念な思いもあるはずだ。それでも邪魔になってはいけないと、小熊さんの寝室に行くこともなかった。

子どもたちに「立ち向かうこと、あきらめないこと」の大切さを言葉にして伝えたいと話していた小熊さん。体力は限界に近づきつつあった。

どう伝えるか、迫るタイムリミット

その日から2週間。少しだけ体調が回復した小熊さんは、ある決断をした。

家族旅行に出かけるというのだ。行く先は車で30分ほどのところにある温泉だった。

そこはかつて小熊さんが元気だったころ、家族みんなでよく出かけた思い出の地だ。

私たちも連絡を受け、旅行当日、自宅に向かった。

宿泊の準備に追われる由美子さん、温泉ということでどこか楽しそうにはしゃいでいた子どもたち。寝室に向かうと、小熊さんはベッドの上に座り、顔色も幾分よくリラックスしているようだった。

しかし、いざ出発しようと立ち上がったとき、体が弱っていることがすぐにわかった。松葉杖をつき、一歩歩いては休むほどにつらそうだった。車に乗り込むときも、助手席の高さまで自分の力だけでは体を上げることができず、由美子さんの介助が必要なほどになっていた。

〝最後となるかもしれない家族旅行〟小熊さんも、由美子さんもそう認識していた。

私たちは小熊さんの「終い方」をすべて記録したいと考えていたし、家族もそのことに同意してくれていた。

しかし、私たち取材班は、あえてこの取材に同行しないことを決めた。いくら取材とはいえ、「神聖」ともいうべき特別な時間に他人である私たちが「同行してはならない」と判断したからだ。

小熊さんは以前、私たちにこう話していた。

「子どもが何か不安になったときや行き詰まったときとか、そういうときに自分のことを思い出してもらって、おやじも頑張ってたなって思えると頑張れるんじゃないかなって。だから僕の命が尽きるときに、マイナスになるんじゃなくてプラスに考えてくれれば。それが願いです」

この旅行は小熊さんにとって「終い方」そのものだった。たとえ言葉にできなくても、いつも前を向いて生きていく、その生き方こそが「立ち向かうこと、あきらめないこと」を伝えるための小熊さんのメッセージだったのだ。

旅行に出かける小熊さんたち一家を、私たちは見送った。

1泊2日の旅行の翌日、私たちは由美子さんから1枚のSDカードを手渡された。これまで子どもの成長、家族で行ったキャンプ、数々の思い出を記録してきた由美子さんが今回の温泉旅行もしっかりと記録していたのだ。

そこに映し出された小熊さんの姿を見ると、家族みんなに旅行を楽しんでもらいたいという思いが私たちには痛いほど伝わってきた。

体への大きな負担となるため避けていたお風呂は、家族全員で一緒に入った。

1週間ほど前から食べ物も受けつけなくなっていたが、この日は家族みんなで久しぶりに食卓を囲んだ。

「パパ何食べてるの？」

食事を楽しむ小熊さんの姿を見て子どもたちもうれしそうだった。

場面が切り替わると、子どもたちはむくんだ小熊さんの手足の痛みを和らげるためにマッサージをしている。小熊さんの体調を気遣っているのだろう。そんな子どもたちを小熊さんが優しいまなざしで見つめていた。

再び場面が切り替わると、食事のあと、みんなでジュースで乾杯をしている場面が始まった。

「じゃあ、乾杯」と由美子さんが言いかけると、海愛ちゃんが「待って待って」と突然制止した。

「せっかくこうやって家族みんなで温泉に来られたんだし、願いを込めて乾杯しよう。賛成する人？」

「はーい」全員が声をそろえた。

「じゃあ海愛、願いを言って」由美子さんが海愛ちゃんを促す。

すぐに海愛ちゃんが口を開いた。

「じゃあみんなでパパの病気とがんが治りますようにってやろう」

「せえの」とみんなで合図をすると、家族全員が口をそろえてジュースの入ったコップを高く上げた。「パパの病気とがんが治りますように！　乾杯！」

小熊さんは一気にジュースを飲むと、「おいしい」と満足そうにカメラを見つめた。

翌朝、チェックアウト直前に由美子さんが小熊さんに問いかけた。

「パパ、今回の旅行どうでしたか？」

「今回は楽しかった。またもう一回来ることを目標に……」

小熊さんが答えると「そうだね、また何度でも来よう」と由美子さんが応じた。かたわらでは海ノ介君や海愛ちゃんが笑顔を浮かべていた。

この旅行の4日後、小熊さんは家族みんなに囲まれながら旅立った。最期のときは、自宅のベッドで家族ひとりひとりの顔を見つめたあと、眠るようにして息を引き取ったという。

その数日後に開かれた「お別れ会」。家族や学生時代の友人など親しい人たち50人ほどが集まり、会場には小熊さんが好きだった音楽が流れていた。

「パパがいなくても大丈夫だからね。安心して」

〝小熊さんに心配をかけたくない〟と、海愛ちゃんが気丈に棺の中の小熊さんに向かって呼びかけていた。

海ノ介君は、10歳とは思えない強いまなざしでじっと小熊さんの顔を見つめていた。まるで「安心して。絶対強く生きてみせるから」、そう心の中で小熊さんに誓っているようだった。

後日、自宅にうかがうと、遺影の中の小熊さんは笑顔で家族を見つめているようだった。由美子さんが言った。

「子どもたちの顔を見るとき、よくこんな顔しながら見ていたんですよ」

私たちは海ノ介君に問いかけた。

「パパと最後に旅行に行けてよかったね」

「うん、とっても楽しかったし。亡くなる4日前なのに……、つらいとも言わなくて、パパ強かったよね」

35歳という若さで「人生の終い方」に向き合わざるを得なかった小熊さん。最後の瞬間まで命がけで伝えたメッセージは確かに、幼い子どもたちの心に届いていた。

その後、子どもたちの心に起きた変化

しかし、小熊さんが亡くなって3週間が経ったころから、海ノ介君は次第に心が不安定になる日が増え、学校に行きたくないという日もあった。大好きだったパパが突然いなくなった……当然のことかもしれない。

由美子さんは、そんな海ノ介君に無理に「学校に行きなさい」とは言わなかった。

家に引きこもりがちになる中、それでも頑張って続けてきたのがスノーボードだ。

「パパとスノボ頑張るって約束したから」

かつて小熊さんと一緒に練習したスノーボード、今はバスを乗り継ぎながらひとりで通っている。

海ノ介君は、黙々とゲレンデで練習を続けている。そのまなざしは、かつて棺の中のパパを見つめていたように、強くまっすぐだった。

悲しみをかかえながらも、強く生きていこうと必死に日々を歩み始めている海ノ介君。

3月からは学校にも休むことなく通うようになった。

そして4月。小熊さんが楽しみにしていた海愛ちゃんの入学式がやってきた。朝、私たちが自宅に行くと、海愛ちゃんはすでに制服に着替え、リビングの端にはピンク色のランドセルも準備されていた。

海ノ介君はすでに登校していたため、由美子さんとふたりきりの自宅。

「パパ行ってくるね」

海愛ちゃんが遺影の小熊さんに向かって話しかけると、

「パパもきっと天国で見てくれているよ」

と由美子さんが横から語りかけた。

雲ひとつない澄みきった青空。ふたりは手をつないで学校へと向かった。

入学式を終え、海ノ介君も一緒に3人そろって校門から出てきた。その門の前で集合写真を撮影する3人。

小熊さんがいない寂しさの中にも、入学式を迎えられた静かなうれしさをたたえた微笑みがそれぞれの顔には浮かんでいた。

由美子さんが、ふたりの子どもたちに話しかけた。

「パパ絶対来ていたよね。海愛たちのことを絶対見てくれていたと思うよ」

その言葉に、海ノ介君も海愛ちゃんも「うん」と答えていた。

最後まで強く生き抜いた小熊さんの「終い方」は、これからもそれぞれの心にずっと生き続けていくだろうと思った。

それから2ヵ月後。私たちは再び小熊さんの自宅を訪ねた。

海ノ介君は、「ねえねえ、ゲームして遊ぼう」と遊び相手を見つけたように取材班にせがんでくる。そのかたわらで海愛ちゃんは宿題をこなしていた。

　少なくとも、表向きは以前と変わらない子どもたち。そんなふたりの子どもを由美子さんと遺影の小熊さんが優しく見つめていた。

　しかし、最近ふたりは何をやるにしても積極的になったと由美子さんが教えてくれた。海ノ介君は、小学校の児童会の副会長に自ら手をあげてなった。そして海愛ちゃんも市が主催する自然の中で農業などを学ぶ体験教室に参加することを決めた。由美子さんが「やりなさい」と言ったわけでもないのに。

　そして、海ノ介君にはもうひとつ始めたことがある。夜、眠るとき海愛ちゃんに絵本を読み聞かせてあげることだ。かつては小熊さんがしていたことだという。

　夜10時、この日も、海ノ介君が「もう寝るよ」と海愛ちゃんに話しかけると、ふたりで小熊さんが使っていたベッドにもぐり込んだ。海愛ちゃんは、絵本を読み聞かせてくれる海ノ介君の顔を見ながら、うつらうつらまどろんでいる。5分ほどして目を閉じたその表情は、安心感に包まれているようだった。

　ふたりが寝静まったあと、由美子さんが子どもたちを起こさないよう小さな声で言った。

「あの子たちの心の中には今もしっかりパパが息づいているんです。だから一日一日を一生懸命生きようとしているのかもしれませんね」

由美子さんの目からは涙があふれていたが、決して悲しいだけの涙ではない気がした。

「あの最後の温泉旅行の映像はもう見られたんですか？」

そう聞くと、由美子さんは遺影の前にしつらえた祭壇に大切に置かれていたＤＶＤを取り上げ、「まだ見ていません」と答えた。

「これから先、本当につらいことが起きたら、これを見ようってみんなで話しているんです。パパに勇気づけてもらおうって」

由美子さんはベッドですやすやと眠るふたりの顔を見ながら言った。

小熊さんの「終い方」は、きっと家族が歩むこれからの道のりを照らし出すのだろうと確信した。

由美子さんから連絡をもらったのは小熊さんが亡くなって７ヵ月、２０１６年９月のことだった。小熊さんが去年家族にあてて書いた手紙が届いたというのだ。

実は、1年前の夏、小熊さんがまだ動けるほど元気だったころ、北海道の知床に家族旅行に出かけた。その際、宿泊したホテルのイベントで「1年後に届く手紙」という企画があり、みんなで書こうという話になったのだ。

家族それぞれがそれぞれに手紙を書き、その内容は1年後までわからない。

その手紙の存在を由美子さんが以前、話してくれていたことがあり、連絡してきてくれたのだ。

小熊さんから届いた手紙は、由美子さん、海ノ介君、海愛ちゃんへの3通。大切に青い封筒に入れられ、自宅リビングのテーブルの上に並べられていた。

由美子さんが口火を切った。

「誰のから読む?」

海ノ介君が「ママあてのから読もうよ」と切り出した。由美子さんは自分にあてて書かれた手紙を読み始めた。


いつもありがとう。由美子のように真っすぐに正直に一生けん命な姿にいつも元気をもらっているよ。どんな時も支えてくれてありがとう。来年（今）はどうなってい

るだろう？　元気だったらいいけど……きっと天国かな？　大好きだよ。

始めた。

由美子さんの目からは大粒の涙があふれていた。

そんな由美子さんを心配するように見つめていた海ノ介君。今度は自分への手紙を読み始めた。

元気かな？　海は今5年生だね、あと、2年後は中学だね、いつもいっているよう

に元気にやさしく正直な人でいるかな？　今もこれからもパパは海ノ介の横にずっと

いるからね。

何があっても立ち向かい、頑張ろうね！

海ノ介君の目からも大きな涙がこぼれ落ちていた。

そして海愛ちゃんの手紙は由美子さんが読んであげた。

海愛の元気と勇気と笑顔にいつも助けられているよ。来年もまた行こうね。

1年生の生活はどうかな？　友達いっぱいかな？　パパは海愛をずっと見ているからね。大好き。愛しているよ。すてきな女性になってね。


「パパが本当に今でもいるみたいだね」

由美子さんの言葉にふたりの子どももうなずいた。

家族のために自らの人生をどう終っていいのかわからないと話していた小熊さん。しかし、最後に行った家族旅行だけでなく、この手紙も、家族にとってこれからを生き抜く力になることだろう。

何よりも家族を思い続けた、小熊さんらしい「終い方」がそこにはあった。

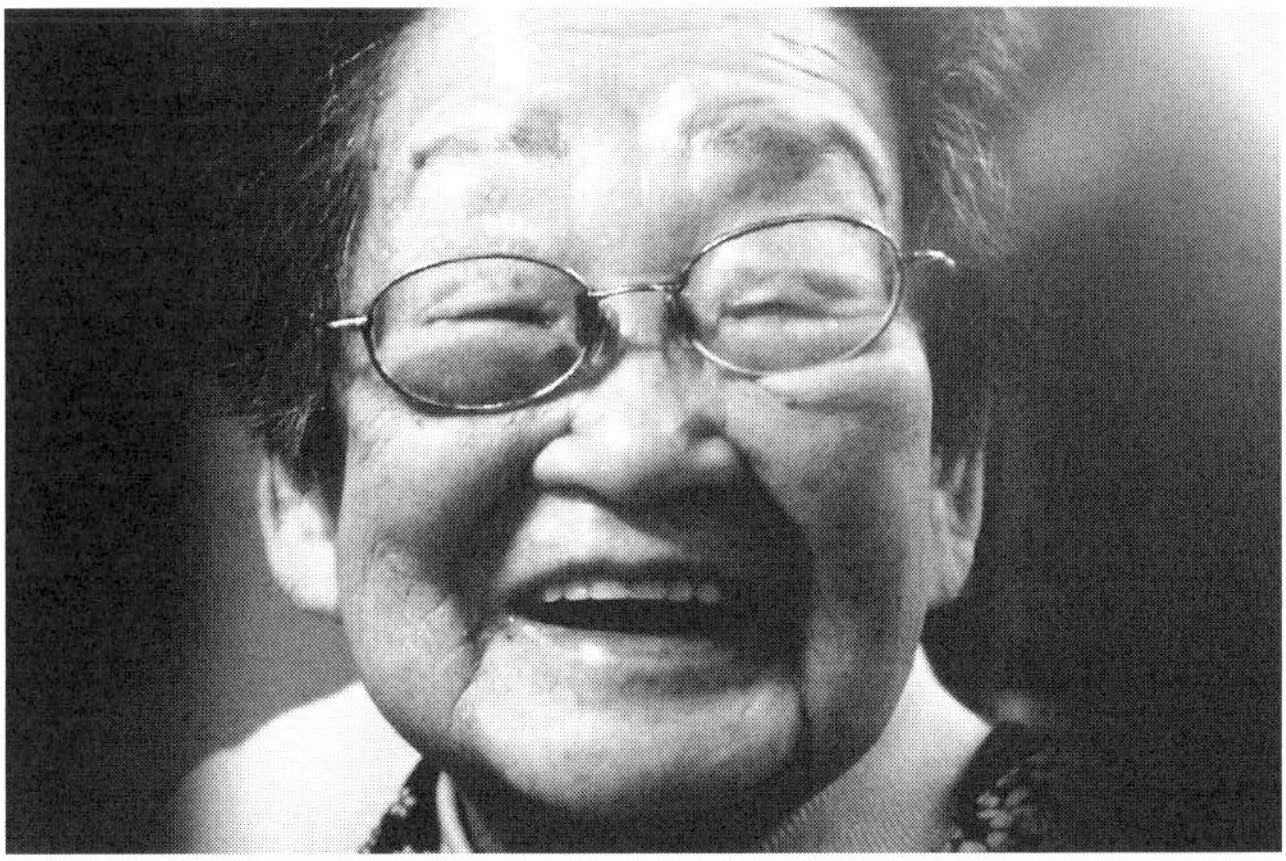

第5章

障害がある娘にのこした常連客という応援団
高松ハツエさん

◉原拓也

気がかりは知的障害のあるひとり娘

「何かのこしたいけど、何ものこしてあげられない」

東京・墨田区に暮らす高松ハツエさん（90）は、そうつぶやいた。分厚い丸いメガネをかけ、笑うととても笑顔が素敵なおばあちゃんだ。

初めて高松さんと会ったのは２０１５年の11月。高松さんが1年ほど前まで経営していた小さな大衆居酒屋を兼ねる自宅を訪ねた。

店の入り口には、店名の「一力《いちりき》」と書かれた看板が今も残る。ドアを開けて入ると、店内は細長い形をした20人ほどが入ればいっぱいになる小さな造りだった。創業50年、壁はところどころ油のシミができ、「ウィンナー」「チーズ」など、いたるところに貼り付けられた茶色く変色したお品書きが歴史を感じさせる。

カウンターには10脚ほどの椅子があり、入ってすぐ左といちばん奥に小上がりがある。高松さんは、いちばん奥の小上がりに布団をしき、うずくまるようにして寝ていた。

私たち取材班の様子に気づくと、「あっ、いらっしゃい」と声を出し、体を起こしてくれた。

「動かなくていいですよ」と声をかけたのだが、小上がりから下りると、ゆっくりカウンターに手をつきながら、私たちが立っている入り口付近まで来てくれた。客商売をしていたからだろうか、高松さんは相手に気を遣う、昔気質《かたぎ》のとてもきっちりした性格なのだ。

高松さんは、２０１４年12月に肺がんが見つかり、その際余命１年と告げられた。それから間もなく１年が経過する。「いつ倒れてもおかしくない状況だよ」と自ら話していた。病の影響で体中が痛むため入院も勧められていたが、高松さんはそれを拒否していた。理由は、今、知的障害者施設にいるひとり娘のためだ。娘には生まれつき軽度の知的障害があり、施設暮らしだが週末だけこの自宅に帰ってくる。

「自分がいなくなったら、あの子の帰るところがなくなるだろ。だから、入院するわけにはいかないんだよ」

高松さんは娘のためにも一日でも長く自宅で生活したいと考えていた。

「自分には何ものこしてあげられるものはない。ただ一緒にいてあげることくらいしかできないんですよ」

しかし、傍から見ても、高松さんの体調はおもわしくなかった。

「ごほ、ごほっ」痰がつまったような咳。そして胸から背中にかけて走る痛みのために苦痛の表情を浮かべることもしばしばだった。

痛み止めの薬を飲んでいるらしいのだが、その薬が切れ始めると、我慢できないほどの苦痛が襲う。

さらに心配なのが、高松さんがひとり暮らしという点だった。夫とは早くに離婚し、娘にも頼ることはできない。

週に1回程度の通院は、地域包括支援センターの職員が付き添ってくれるためどうにかこなせているが、日々の生活をまわしていくだけでも大変なはずだ。

足腰もすでに衰え歩くことも難しいうえ、肺がんのため、少しでも動くとすぐに呼吸が乱れる。

「お食事とかはどうされているんですか？」

「これがあれば何とかなるよ。もう作ることも難しいしね」

そう言って指し示したのは、レトルトのおかゆだった。それに梅干しがひとつあれば十分なのだという。

確かに、自分で料理を作るのは難しいかもしれない。しかし毎日のようにおかゆでは栄養バランス的にもよくないはずだ。

そのおかゆを買いにいくのも体に大きな負担となっている。一度、高松さんが買い物に行くのに付き添ったことがあるが、体をふらつかせながら歩く姿は、見ていてもハラハラする。手押し車を押しながら体を支えているのだが、手や足に力が入らないため、歩くスピードも遅く、体も不安定だ。片道5分ほどのところにあるスーパーへの買い物にも1時間以上を要するほどだった。

正直なところ、一刻も早く入院したほうがいいのではないかと思う。

しかし、高松さんにとって「自分のこと」はあくまで二の次、「娘のこと」が第一なのだ。

その娘にも会って話を聞いてみたい……、高松さんにお願いすると、

「人前に出るのは嫌がる子だからね。週末来てみて、直接聞いてみたらどうですか」

と言ってくれた。

娘が病気の母のために作ったみそ汁

週末の昼前、「ガラガラ」と入り口を開ける音とともに、ひとりの女性が入ってきた。娘の悦子《えつこ》さん（66）だ。一瞬、悦子さんは見知らぬ客に「ハッ」としていたようだが、ニット帽を目深にかぶっていて表情を確認することはできなかった。

私たちは悦子さんに、母親の高松さんに自らの「人生の終い方」について取材をさせてもらっていることを説明し、そして、高松さんが悦子さんのことを思い続けていることなどを話した。帽子を脱いだ悦子さんの顔を見ると、突然の取材班の訪問に戸惑っているような表情をしていた。

「私はテレビとかそういうのは嫌なので」

悦子さんは当初そう言って、取材を敬遠していたが、話すうちに徐々に打ち解けてきた。普段は無表情なことが多いが、ときどき笑顔を返してくれる。

悦子さんは毎週土曜日ここに帰ってきて母親とすごし、翌日の日曜日に再び施設に戻る。

知的障害と聞いていたので、コミュニケーションにやや不安を感じていたが、日常会話をするのにはそれほど問題はないと高松さんは言った。

それどころか、高松さんは今、悦子さんの力がなければ生活していけない。

掃除や洗濯、簡単な食事作りなども悦子さんが手伝ってくれているというのだ。

ちょうどその話をしているとき、悦子さんは「もうこんなにためこんでっ」と、カウンターの向こう側にある流し台にためられていた食器類に目をやった。そして黙々と洗い始めた。

「昔はこんなことできないと思っていたんだけどね、私が体調を崩してからはこうしてやってくれるようになって本当に助かっているんですよ」

高松さんは心底うれしそうに話してくれた。

「もうお昼ご飯の時間だから、お母ちゃんおみそ汁飲む？」

悦子さんは食器洗いを終えると、続けてみそ汁を作り始めた。

調理も、施設で練習をくり返す中で腕を磨き、今ではこうして母親のためにときどき作ってくれているのだという。

「トントン」と白菜を包丁で刻む音がする。白菜や大根が入ったシンプルなみそ汁は高松さんからかつて教わったものだ。

「お母ちゃん、できたよ」

悦子さんはそう言うと、カウンターに座っている高松さんにみそ汁を手渡した。あとはいつものおかゆなのだが、この野菜入りのみそ汁で、不足気味の野菜を補えると考えてのことだろう。

しかし、高松さんは食欲があまりないようだった。みそ汁を受け取っても、顔には苦痛の表情を浮かべ、そして突然カウンターに突っ伏した。再び痛みがきたのかもしれない。

「大丈夫ですか？」と声をかけると「大丈夫大丈夫」とだけ言い、また突っ伏した。

「薬を飲んだほうがいいですよ」と勧めてみたものの、食事をしてからでないと胃を痛めてしまうと言い、飲もうとしない。結局食事に手をつけることができたのは、それから10分ほどしてからだった。ぎりぎりの中で自宅で生活を続けているということが、痛いほど伝わってきた。

女手ひとつで娘を育てあげた肝っ玉母さん

高松さんにとって娘は生きがいそのものだった。そのことを教えてくれたのは、かつての常連客たち。店で高松さんや悦子さんの取材をしていた２０１５年の暮れ、ひとりの中年女性がやってきた。

「私はよくこの店に通っていた客のひとりです。お母さんがこうして体調を悪くしてしまってからは心配でよく様子を見にくるんですよ」

高松さんは常連客から「お母さん」と呼ばれ慕われていた。その女性も近所で飲食店を営んでいて、よく高松さんから飲食店経営の心得などを教えてもらっていた。

「今はこうして気力も体力もなくなっちゃいましたけど、昔は勝ち気な肝っ玉母さんだったんですよ」

泥酔してほかの客に迷惑をかけたりする人がいると「金はいらないから帰ってくんないか」と追い返すほどだった。

悦子さんが中高生のころはまだ施設には入っておらず、今とは別のところにあった自宅で娘とふたりで暮らしていた。ひとり家に残しておくのも心配で、店に連れてきては客たちに紹介し、客たちも「悦ちゃん」と呼んで「かわいがっていた」という。

「カウンターのいちばん端っこに座って。ここでご飯を食べていました」

悦子さんが言った。

高松さんも仕事に追われて忙しく、悦子さんをかまってあげることができない。そんなとき常連客たちと一緒にご飯を食べたり、話をしたりして寂しさをまぎらわしていた。

「お母さんにとっては、悦子さんのことは、それは心配だろうね。自分がいなくてもちゃんと生きていけるか、それだけが気がかりだと思いますよ」

常連客は、高松さんの心情を推し量って言った。

高松さんは、そんな常連客たちに感謝しながらも、悦子さんに対してはやっぱりすまないという気持ちを抱き続けてきた。

お盆も年末も店を開け、朝から仕入れや仕込みをして帰宅するのは深夜0時を超える毎日。頼れる家族はおらず、女手ひとつで子育てするためにも自分が必死に働かなければならない。店名の「一力」という名前も〝ひとりでもやってみせる〟という決意を表したものだ。しかし、その一方で親子の時間を一緒にすごしてあげられない後ろめたさ、申し訳なさをかかえ続けてきたのだ。

「一緒にいられるっていったら、正月くらいだったかね」

高松さんが悦子さんに話しかけると、悦子さんは「うん」とうなずいた。

おもむろに、悦子さんが店の奥にある小上がりのほうへと歩いていって、押し入れから何かを持って戻ってきた。

そして、私に手渡すと「正月の思い出」と、ひと言言った。

それは高松さんと悦子さんのアルバムだった。開いてみると、「お正月」と手書きで書かれたタイトルが目に入った。

そこにはまだ幼い、着物を着た悦子さんと高松さんが隣りあって写っていた。

「お正月になると、毎年のように川崎大師に行っていました」

悦子さんはそう言うと、かばんの中から大切そうに赤色のお守りを出し、見せてくれた。10年ほど前に高松さんと一緒に初詣に行った際に買ってもらったのだという。今も肌身離さず持ち歩いているものだ。

夜には決まって高松さんの手料理で食卓を囲んだ。鍋やおせち料理、一年で唯一ふたりゆっくりとすごせる正月は親子にとって特別な意味合いを持っていた。

「できるなら、今度の正月も一緒にすごしたいんですよ。これが最後になるだろうからね」

高松さんが寂しそうにつぶやいた。

「正月はどんなふうにすごしたいですか？」

「べつに特別なことがしたいわけじゃないんですよ。ただ一緒にご飯を食べて、一緒にすごせればそれでいいよね……」

高松さんが悦子さんを見つめる目は、とても優しくまるで幼い子どもに話しかけるように愛情に満ちていた。

何歳になっても、高松さんにとっては娘であることに変わりないのだ。

〝自分は何も娘のためにのこしてあげられるものはない〟だからこそ最後となる正月を一緒にすごして、楽しい思い出をのこしてあげたいと願っていた。

正月まで、あと2週間に迫っていた。

病院で迎えざるを得なかったお正月

12月28日。「体調があまりよくないみたいでして……」いつも通院に付き添っている地域包括支援センターの職員から連絡が入り、私たちもすぐに病院に同行することにした。

墨田区内にある総合病院に到着すると、待合室で高松さんは車椅子に乗り、首をうなだれるようにして眠っていた。

「最近、眠たい眠たいって言うんですよ。多分薬の影響もあると思うんですけどね」

支援センターの職員にそう言われ、顔をのぞき込んでみると、1週間ほど前に会ったときより幾分やせ、顔色もあまりよさそうではなかった。

医師の診察の後、高松さんはそのまま、入院することになった。

「娘のためにできれば入院はしたくない」そう考え続けてきたが、このところあまりにも痛みがひどくなり、耐えられないほどになっていた。その痛みは薬を飲んでも抑えきれず、最後は高松さん自身「入院する」と決断したのだという。

突然の緊急入院。それは正月までわずか4日のことだった。

支援センターの職員は高松さんの同意を得て、自宅に入り、入院のために着替えや洗面道具などを用意することにした。

「あれはどこにあるのかな?」

職員も突然のことでふすまを開けたり、引き出しを開けたりしながら、必死で入院に必要なものを調《ととの》えていく。

「長期入院になることも考えると冷蔵庫の中もある程度始末しておいたほうがいいですね」

職員は冷蔵庫を開けた。

「これ、お正月の用意していたのかな」

　そうつぶやく職員の後ろから冷蔵庫をのぞき込むと、数の子や蕎麦のビニール袋が目に入った。高松さんは正月、悦子さんと親子水入らずですごすために、痛む体をおして着々と準備を進めていたのだろうか。


　職員が病室へ荷物を運び入れたとき、高松さんは目を閉じて眠っているようだった。職員が高松さんに聞いたところによると、「最後のお正月に悦子さんのためにご馳走を振る舞いたかった」のだと言う。

　部屋に人影を感じたのか、高松さんが目を覚ました。

「ごめんなさいね、ご迷惑をおかけして。本当にごめんなさいね」

　ベッドの上で横になりながら、何度も何度も職員にあやまっていた。

　体調を聞くと、今のところ痛みも治まり「大丈夫」とのことだった。

　私たちは少し安心して、「先ほど支援センターの職員さんから聞いたんですけど、高松さん、お正月ご馳走を振る舞いたかったんですね」と尋ねてみた。

「だって、私にはそれぐらいしかしてやれないでしょ。娘に何かのこしてやれるものもないし。料理だったらお店やっていたから少しは自信あるの。でもそれも駄目になっちゃったけどね」

高松さんは、とても寂しそうに微笑んだ。

入院の知らせを聞き、翌29日、悦子さんが見舞いにやってきた。

「お母ちゃん大丈夫？」

病室に入るなり、悦子さんはベッドで横たわる高松さんに声をかけた。

「ああ、来てくれたのね。ごめんね、こんなことになって。本当にごめん」

正月を一緒にすごしてあげられないこと、もう週末に帰ってきても自分はいてあげられないこと……、その「ごめん」にはいろいろな意味がこめられていた。

「いいよ、気にしなくて」

悦子さんはそう言うと高松さんの顔をのぞき込んだ。

「本当に大丈夫？」

高松さんは、「点滴もあるし、ご飯も作らなくていいから大丈夫だよ。痛みもそれほどないし」と静かに答えた。

そして「あなたも気をつけなさいよ」と言って悦子さんの背中を優しくなでた。「体調に気をつけなさいよ」という意味だけでないことは瞬時にわかった。母親として、これからの娘の人生を心から案じている言葉だった。

それから毎日のように悦子さんは見舞いにやってきた。母親と会える時間は限られているということを感じ取っていたからだろう。何かをするわけでない。体調のことなど、ひと言ふた言言葉を交わすと、悦子さんはベッドの横にあるソファーに腰掛けじっと窓の外を見つめていた。窓の外には東京スカイツリーが見えた。

元旦。悦子さんは見舞いに行く前に寄るところがあると言い、病院近くのスーパーに立ち寄った。そこで病室に飾る花と正月飾りのついた鏡餅、そして400円の鮭弁当を買った。

「お正月くらい、華やかなほうがいいでしょ。この弁当は、お母ちゃんと一緒に病室で食べようと思って」

正月を一緒にすごせなかったとあやまった母親。悦子さんはそんな母親のことを気遣っていた。

病室に入ると高松さんは眠っていたが、悦子さんがスーパーで買ってきた花を花瓶に活けているうちに目を覚ました。

「買ってきてくれたんだね。ありがとう」

高松さんは悦子さんが買ってきてくれた窓辺の花と、遠くにかすむスカイツリーをじっとベッドから見つめていた。

昼どき、病院食が配膳され、「お前も、ここで食べていくだろ」と高松さんが声をかけた。その言葉に促されるようにして悦子さんは買ってきた弁当を机に広げる。

しかし高松さんは一向に病院食に手をつけない。食欲がわかないというのだ。小さなパック牛乳が飲める程度だった。

病室で迎えた親子水いらずのお正月。これ以上邪魔してはいけない気がして、私たちは病室をあとにした。

「高松さんがお亡くなりになりました」

地域包括支援センターの職員から私たちのもとに連絡が入ったのは、2月のことだった。

享年90、最後まで娘のことを気遣いながらの旅立ちだった。

悦子さんは葬儀を執《と》り行えないので、障害者施設の職員ら数人が立ち会っての火葬が行われることになった。

火葬する日、私たちも高松さんに最後のお別れを告げるために同席させてもらった。

棺を火葬炉に入れるときが来ると、悦子さんは棺の中の高松さんの顔をじっと見つめて、大きな声でひと言「お母ちゃん」と叫び、目からは大粒の涙が流れていた。

普段、感情を表すことのほとんどない悦子さんが見せた母親への最後の心の叫びだったのかもしれない。

「悦ちゃんはひとりじゃない」と集まった50人

「今度、常連客たちで集まって悦ちゃんを励まそうと思うんですよ」

常連客のひとりから連絡が入ったのは3月下旬のことだった。「高松さんを偲ぶ会なんですけど、それだけでなく『悦ちゃんは、ひとりじゃないよ』と伝えたいんです」電話口の向こうから、常連客は開催の目的をそう言った。

会場となったのは高松さんのお店からほど近い、墨田区内にある、割烹《かっぽう》料理屋。前方中央には祭壇が用意され、満面に笑みをたたえた高松さんの遺影が飾られていた。

実は、このお店の主人も高松さんを慕って毎日のように通っていた常連のひとりだ。

「ご自身もお店をやられていて、毎日通われてたってことは相当居心地がよかったんですね」そう主人に尋ねると、「あのお店は遅くまでやっていたんですよ。だからこっちが閉店したあと、自転車で行ってね。何というか心安まる場所というか、お母さんに会うと元気が出るんですよね」と懐かしそうに話してくれた。

開始時間が近づくにつれ、みるみるうちに参加者は増え、気づくと50人近い元常連客たちで会場はいっぱいになった。

献杯の挨拶に立ったのは、50年通い続けていたという最古参の60代の男性。学生時代から夕食は高松さんのお店「一力」一筋だ。

どれだけ高松さんが慕われていたかが伝わってくる。

会が始まると、常連客たちは悦子さんの元にひっきりなしにやってきて、これまで店で撮った高松さんとの写真を見せたり、思い出を話したりした。

「本当にいい笑顔だよな」

常連客のひとりが見せていた写真は、エプロン姿でカウンターに立つ高松さんの姿だった。

客と何か話しているときの一枚だろうか、この笑顔に吸い寄せられてみんな通っていたのだろうと思うほど、自然で優しい笑顔だった。

そんな客たちの話に、悦子さんもにこにこしながら聞き入っていた。

50代の女性が言った。

「お母さんもきっと悦ちゃんのことが最後まで心配だったんだと思う。でもおじさんやおばさんがいるみたいな感じで、私たちも悦ちゃんのことを支えていきたいです」

70代の男性が続ける。

「お母さんには相当お世話になったからね。今度は私たちがお母さんのために何かしなくてはと思っています」

悦子さんのことを最後まで気にかけていた高松さん。そんな心情を、常連客たちは感じ取っていたのだ。

「今度お芝居見に行こうよ」「春先、一緒に花見でもしようか」

そう悦子さんに呼びかける声が聞こえてくる。

娘のために、何ものこせないと話していた高松さん。

そんなことはない。しっかりのこしていた。悦子さんを支える「応援団」を。

会のしめくくりの挨拶に立った悦子さんは、言葉を詰まらせながら言った。

「今日はお忙しいところ本当にありがとうございました。昔から知っている方々のお顔が見れて、本当にうれしかったです。ありがとうございました」

会場には割れんばかりの拍手が鳴り響き、「悦ちゃん頑張れー」といった声援が飛び交った。

「人生の終い方」それは、人生の積み重ねであり、ひたむきに生きていくことが、それぞれの「終い方」につながるのだと、私たち取材班は高松さんから教えられた。

取材を終えて帰るとき、「ありがとうございました」と、もう一度祭壇に飾られた高松さんの写真に目をやった。

その笑顔は、ひときわ輝いているように見えた。

第6章

自分らしい「終い方」500通のお便りから

◉堀内健太

「プロローグ」でも述べたように、余命の宣告など、死を意識してから亡くなるまでの限られた時間、あなたならば何をするか。大切な人に何をのこすか。私たちはNHKの「ラジオ深夜便」を通して「人生の終い方」に関するお便りを募集した。深夜帯での募集にもかかわらず、500通をこえるお便りが全国から寄せられた。

大切な人の最後を振り返ったお便り、自分自身の「人生の終い方」を記したお便り……。私たちはお便りをくださったうちの100人あまりに電話で、さらには直接お会いしてお話をうかがった。

本章では、第5章まででご紹介できなかった方々のエピソードの数々をお届けする。

法律家としての志を教え子に伝えた夫　大阪府　杉田宏子さん

職業人としての生き方を最後まで貫いた人もいる。大阪府柏原《かしわら》市に暮らす杉田宏子さんからのお便りには、夫の宗久さんの最後が綴られていた。

２０１3年12月25日に、肺がんのため57歳という若さで亡くなった宗久さんは、仕事一筋。30年にわたって裁判官としての職務をまっとうしてきた。胸にあったのは「何のための法律家か」という思い。通勤で電車に乗っているわずかな時間も法律書を読んですごすほど仕事熱心だった夫。

その「人生の終い方」を、宏子さんはこう振り返る。

「病気に真正面から挑み最後まで潔く闘いました。そして闘いながらも、力尽きるまで仕事をやり抜きました」

宗久さんが体に異変を感じたのは２０１１年ごろ。咳と痰が出ることに普段の風邪とは異なる違和感を覚えたという。５月、病院で精密検査を受けた。結果は相当進行した肺がんだった。左肺の病巣は心臓のすぐ裏側にあり、正面からのレントゲン写真ではまったく写らない位置にあった。

宗久さんにも自覚症状はなく、夫婦ふたりで驚きを隠せなかった。「気づかなくてごめん」と何度もあやまる宏子さんに、宗久さんは「僕は運命を受け入れる」と語りかけた。それ以後、病気について泣き言や恨み言を言うことはなかったという。

それから宗久さんの闘病生活が始まった。周囲に心配をかけたくないからと、病気を公表しないことにした宗久さん。以前と変わらずに裁判官としての職務を続けることを大事にしたかったのだろうと、宏子さんは振り返る。

宗久さんは抗がん剤治療のために通院するとき、パソコンや法律書を常に持ち込んだ。点滴を受けながら、ほとんどの時間を、仕事をしてすごした。時間を惜しむように職務に打ち込む宗久さんを、宏子さんも陰ながら支えた。治療の本を買いあさっては情報を集め、複数の病院にかかりつつ化学療法から食事療法まであらゆることを試みた。

2012年春、宗久さんは長年勤めた裁判官を退官した。がんが見つかる前から決めていたことではあったが、法律家としての残された時間、法科大学院で後進の指導にあたるというのが宗久さんの思いだった。宗久さんは、かつて法律と裁判をもっと市民に身近なものにしたいと裁判員制度の導入に力を入れていた。同じ志を持つ法律家をひとりでも多く育てたいとずっと考えていたからだ。

4月から同志社大学法科大学院で教壇に立つようになった。毎日生き生きと教室へ向かう宗久さん。裁判員裁判についての本も執筆していた。将来の法律家のためになればと、治療の合間にパソコンに向かった。

治療の効果は徐々に現れ、5月の検査では医師からは「完全寛解」と告げられた。

しかし、翌年の秋、これまでにない頭痛や肩こりが始まった。見えないところで、がんの転移は進んでいた。

それでも宗久さんは教壇に立ち続けたが、10月18日、ついに講義を休まざるを得なくなった。翌週の23日、学生たちのために講義の補講をしなければと大学に向かう宗久さんに、宏子さんも付き添った。普段は大学までの電車内も法律書を読んでいたが、その日はずっと寝ている姿を見て、宏子さんはがんの進行をこれまで以上に痛感したという。それが大学へ行った最後の日となった。

その後入院し、いっときもあきらめずに治療を続けたが、12月25日、宗久さんは家族に見守られる中、息を引き取った。

宗久さんの教え子たちは今、司法試験を経て、法律家としての第一歩を踏み出している。市民のための法律家という志を次の世代につなぐ。そんな「人生の終い方」だったのかもしれない。

「農業日記」が家族の田んぼの教科書　奈良県　山崎チヱ子さん

自分の「人生の終い方」について、まさに今考えているという方からのお便りも寄せられた。奈良県葛城《かつらぎ》市に暮らす山崎チヱ子さん、84歳。4世代以上続く農家だという。山崎さんのお便りには、代々家族で受け継いできた田んぼを次の世代に引き継ぐのが自らの責任と綴られていた。

山崎さんはいったいどのような「人生の終い方」を考えているのか。住まいは大阪の中心部から電車で1時間ほど。この地域には古くからの田園風景が残っていた。

自宅を訪ねると、さっそく田んぼへと案内してくれた。

「腰曲がってしまいました。年の功でこれや」

そう言いながら、山崎さんは慣れた手つきで田んぼを耕す。30アールほどの小さな田んぼを、特別な思いで守り続けてきた。

山崎さんは19歳のとき、この家に嫁いできた。夫の武信さんは若いころから心臓が悪く、医師からは無理はしないようにと言われていた。それでも田んぼへ向かう夫の姿を見て、山崎さんは自分も夫と一緒に田んぼを守り継いでいこうと決意を固めたという。

やがてふたりの子どもが生まれると、山崎さんは子どもをおんぶしながら田んぼへ向かった。日が山の稜線に沈むころになると、家へ帰って夕食の支度。そんな日々のくり返しだった。それでも、家族全員で食卓を囲み、田んぼでとれたお米を食べるとき、揺るぎない生活の根本を家族で共有することに心が満たされる気持ちになったという。

夫は25年前に突然の病で倒れこの世を去った。ふたりの息子は、それぞれの道に進んだ。以来、山崎さんは、ひとりで田んぼを守ってきた。

農機具を入れる倉庫の中に、山崎さんが大事にしているものがある。手作りのかかしだ。ずっと田んぼを見守ってほしいと、かつて夫が身につけていた作業着が着せてある。かかしには、一首の歌がぶら下げてある。

頭垂れ　みのりし稲は黄金色　逝きし夫の　思い出つきぬ

この田んぼには夫への思い、そして家族への思いが詰まっているのだ。山崎さんはこうも話してくれた。

「今もみんなで毎年稲刈りをしたり、とれたお米を子どもや孫と一緒に食べたり。この田んぼはね、私たちの家族のいちばん中心にあるんです」

山崎さんは2016年で85歳。自分もいつまで農作業ができるかわからないと、子どもたちのためにのこそうとしているものがある。

机の中から、一冊のノートを取り出した。ぼろぼろになったノートの表紙には、「農業日記」と書いてある。それは、一年の農作業をすべてまとめた日誌だった。土の耕し方、水の管理。自分がいなくても農作業のことがわかるよう、細かく書き記している。

田植えのあとは、苗が短いから、あまり水を入れないで、よく朝夕に水位を見る。

毎日、朝夕、水入れたり、絶えず気をつける。

7月22日。土用に入ると、土用干しです。水道の栓も抜く。

出口の板もとってよい。

とにかく全部水を出す。1週間ほど田の中へ入り、足が入らなくなるまで、土が硬くなるまで干す。

〈山崎さんの「農業日記」より〉

「農業日記」をしたためていることは、ふたりの息子にも伝えた。営業の仕事についている次男の富好さん（58）は山崎さんから「農業日記」の存在を聞いて以来、積極的に農作業を手伝うようになった。仕事が休みの日には母と一緒に田んぼへ向かい、手ほどきを受けている。

取材に訪れたのは3月。ちょうど、田植え前に土を耕す時期だった。トラクターで田んぼを耕す富好さん。山崎さんは、トラクターでは耕せない田んぼの四隅も鍬《くわ》できちんと耕し、そこにも田植えをするようにと伝えていた。

富好さんは定年間近。母が元気なうちに農作業を学び、家族の田んぼを今度は自分が守り次の世代にのこしたいという。取材の最後にこう話してくれた。

「先祖がのこしてくれた土地、田んぼですから。お米づくりをしてそのお米を自分で食べていけるというのが、今の時代で考えると本当に幸せなことだと実感しています。だから、自分自身でできる限りはそういうふうにやっていこうと思っています」

その話に、山崎さんもうれしそうに耳を傾ける。

「安心しましたな。これから5〜6年生きられるのかな。何年生きられるのかな。監督します」

そう言って、笑みを浮かべた。

家族の宝である田んぼを次の世代にのこす。

長年田んぼを守り続けてきた山崎チヱ子さんの「人生の終い方」だ。

亡くなる半月前に夫がつぶやいたひと言

岡山県　池田みや子さん

亡くなる直前に夫がのこしてくれたひと言が忘れられないという人もいる。岡山県に暮らす池田みや子さん（78）は、２０１４年に79歳で亡くなった夫の季志《すえし》さんの「人生の終い方」を振り返る手紙を寄せてくれた。そこには、亡くなる半月ほど前に夫がつぶやいた言葉が記されていた。

ようついて来てくれました。

そのときのことについて、みや子さんは次のように記していた。

――私はどきっとしました。それは死のとき言う言葉ではないのか。

夫の季志さんはどんな思いからその言葉を発したのか。さっそく連絡をとり、直接、お話をうかがうことになった。

みや子さんが暮らす岡山県鏡野町《かがみのちょう》はおだやかな田園地帯。みや子さんの家も古くからの農家だ。自宅にうかがうと、みや子さんはおだやかな笑顔で迎えてくれた。今は愛犬とともに暮らしているが、近所に住む息子家族が毎週のように会いにきてくれるので、寂しくはないという。

みや子さんは毎日季志さんの遺影に手を合わせ、その日の出来事を報告するという。遺影を見つめながら、こう話した。

「主人は本当に頑固な、まさに〝昭和の男〟でした。いつも仕事から帰ったときに、『おい、戻ったで』と言いよりました。その言葉がいつも頭の中でくるくると回っております。『おい、戻ったで』って」

ふたりの人生は、困難をともに乗り越える日々の積み重ねだったという。

みや子さんが季志さんのもとへ嫁いだのは1958年、20歳のときだった。家は米を作る農家だった。生活は貧しく、季志さんは農作業のかたわら近所の工場でも働いた。ほどなくしてふたりの子宝に恵まれ、子どもが学校に通うようになるといよいよお金が足りなくなる。みや子さんは家計の足しにしようと、牛乳配達を始めた。そこに義母の介護も重なり、目が回るような忙しさだった。朝は牛乳配達。昼は農作業。その合間に子育てと介護……。

子育てが一段落し、義母も看取ったころには48歳。平穏な日々が訪れたかにみえたが52歳のとき、みや子さんは交通事故で骨盤を骨折。もう農作業を手伝うことはできないと失意の底にあったみや子さんを、季志さんは車で往復4時間かけ毎日のように見舞った。

そのころからだろうか、季志さんは散歩に出かけては季節の花を一輪持ち帰り、絵を描くようになったという。みや子さんは季志さんが描いた何冊にもなるスケッチノートを大事に保管している。

道ばたに咲いている朝顔、田んぼの横で見つけたたんぽぽ。どれも丁寧な筆遣いで描かれている。退院後、季志さんは描きためた絵を見せてくれた。スケッチノートを眺めながら、みや子さんはこう話してくれた。

「言葉で何か言うような人ではないけれども、私を励まそうとしてくれたんでしょうな」

季志さんは70歳を過ぎると帯状疱疹《たいじょうほうしん》が出るようになり、次第に自宅にいる時間が長くなっていった。そのとき、季志さんがいつも座っていた場所がある。6畳ほどの台所にある食卓だ。みや子さんが食事の準備や片付けをしているあいだ、季志さんはその姿が見えるところでくつろいでいた。

亡くなる半月ほど前、昼ご飯の後片付けをしていると、咳払いが聞こえた。ふと振り向くと、季志さんがこうつぶやいたという。

「ようついて来てくれました」

そのひと言を聞き、今までの苦労がすべて吹き飛んだ気持ちになった。それとともに寡黙で感謝の言葉など口にしたこともなかった季志さんがそういうことを言うので、それは死のとき言う言葉であるようにも思えた。みや子さんは平静をつくろいながらも返す言葉が浮かばず、下を向いた。食卓には沈黙が流れた。

それから半月ほどたった年の瀬、季志さんは庭先で倒れ脳出血で亡くなった。あっという間のお別れだった。

以降、みや子さんは季志さんのあの言葉を胸の中に大事にしまっている。

「ようついて来てくれました」

夫の遺品を整理していると、みや子さんはあるものを見つけた。長年夫が描き続けた季節の花々のスケッチノートだ。一枚一枚の絵を見ていると、それを描いたころのふたりの思い出が頭をよぎるという。

今、みや子さんは日課にしていることがある。かつて夫が散歩した田んぼ脇の小道や裏山の野道を愛犬と一緒に散歩するとき、夫のように絵を描くわけではないけれど、素敵な花が見つかったら一輪持ち帰っては台所に飾るという。

季志さんとの思い出をたぐり寄せながら、一歩一歩前へと進んでゆくみや子さん。お便りは、こうしめくくられていた。

「これから何年生きられるかわかりませんが、本当に主人に会えてよかったと心から尊敬の念は消えません」

長年連れ添った妻の胸に感謝の言葉をのこす。そんな季志さんの「人生の終い方」だった。

父は戦争の語り部として最後まで伝えきった

長野県　梶田ひと美さん

命の大切さを伝えのこそうとした人もいる。お便りをくれたのは長野県に暮らす梶田ひと美さん。父、田屋茂実さんは肺気腫（COPD）を患い85歳で亡くなった。田屋さんの死後、梶田さんは父のパソコンの中から「葬儀について」と題したファイルを見つけた。

そのときのことを、梶田さんはお便りの中でこう綴っている。
「葬儀の段取りを書き記した文章の末尾には、『全ての命を大切にしてください』と書き添えられていました。それはいかにも父らしいメッセージでした」

戦時中、陸軍に入隊し中国戦線に送り込まれた田屋さん。復員後は営林署で職を得た。結婚してふたりの子どもも生まれた。そんな平穏な日々をすごす田屋さんの口からは長らく、戦争体験が語られることはなかった。

田屋さんに転機が訪れたのは82歳のとき。腹部大動脈瘤で生死の境をさまよいながらも、奇跡的に一命をとりとめた。これからの日々は「第二の人生」だと、自分にのこされた時間を使って戦争の語り部として活動を始めた。戦争体験を本にまとめ、地元の小中学校をたびたび訪れた。

田屋さんは中国での戦争経験を包み隠さず話した。数々の残虐行為を目の当たりにしたこと。中国人の民家を破壊した材木で道をつくったこと。

特に熱く語ったのが、戦争末期、捕虜として農家の納屋に収容されたときの出来事だ。時期は旧正月、中国では旧暦によって正月を祝う。田屋さんら日本兵がお腹を空かせていると、中国人の農夫が納屋に入ってきた。家にあがれと言う。

田屋さんの目に飛び込んできたのは、テーブルの上に盛られた山ほどのご馳走だった。

戦争によって家族や親戚の命を奪われたというその農夫が、正月だからと、田屋さんたちを招き入れてくれたのだ。

このとき感じた戦争に対するやりきれない思いを、田屋さんは語り部として素直に伝えた。そして、話の最後はいつも決まって「命の大切さ」でしめくくられた。

田屋さんは、亡くなる直前まで語り部としての活動を続けた。思うように歩けなくなってからも車椅子を使い、小学校へ赴いた。そんな父の姿を目の当たりにした梶田さんのお便りには、こう綴られていた。

「父は語り部として全力で生きる姿を最期まで見せてくれました。生き方は死に方であると思いました」

戦争体験を胸に刻み、命の尊さを伝え残す。そんな「人生の終い方」だった。

愛馬とともに自分らしい生き方を貫いた兄

滋賀県　井上友子さん

孤独と思われた死にも、その人らしさが貫かれていたというお便りもいただいた。滋賀県に暮らす井上友子さんは2015年4月、兄の原佳明さん（66）を舌がんで亡くした。手紙にはこう綴られていた。

「トラックの運転手や電気工事の仕事をしていた兄は、嫁ももらわず、ずっとひとりで生きてきました」

井上さんにとって兄、佳明さんの死は衝撃的なものだった。井上さんの家では年に一度、母親の命日にバーベキューをするのが恒例行事だった。その年は何度かけても、佳明さんと電話がつながらなかった。

4月24日、不安を募らせた井上さんは、兄が暮らす名古屋のマンションへ向かった。何度呼びかけても返事はない。マンションの管理人と連絡がつき中へ入ると、そこには目を覆うばかりの光景が広がっていた。兄はたったひとり、そこで息絶えていたのだ。

いわゆる〝孤独死〟――。後に警察の調べで、原さんが病院で診察を受けていたことがわかった。診察の日付は4月11日。原さんは舌がんの告知を受けていた。家族に心配をかけまいと、がんになったことを誰にも言わなかった兄。なぜ兄の異変に気づけなかったのか、兄に寂しい最期を迎えさせてしまったと、井上さんは自分を責めた。

ところが、次第に井上さんは、兄は兄らしい最後をすごしたのだと知ることになる。遺書も何もないが、部屋のテーブルの上には、買って帰ったばかりのにんじんがビニール袋に入ったまま置いてあった。

自然や動物が好きだった佳明さんは長年、乗馬クラブに通っていた。とりわけ愛情を注いだのが、10年近いつきあいになる愛馬、フィナンシェ。亡くなった日、佳明さんがフィナンシェのもとを訪れていたと、クラブの人から聞いた。いつもより多めににんじんを持ってフィナンシェに最後の別れを告げる兄の姿が、目に浮かんだ。

井上さんはこう話してくれた。

「愛馬に最後のお別れをしたのでしょう。病気に気づけなかったことを、私は後悔していましたが、兄は人生をまっとうし、『人生の終い方』も自分で選択したのだと、思うようになりました。人の生と死をありのままに受け止め、どこまでもまっすぐに生きた兄を誇らしく思います」

人にはそれぞれの「人生の終い方」がある。決まったかたちなんてない。

原佳明さんの「人生の終い方」には、そんなメッセージが込められているのかもしれない。

一冊のノートにのこされた妻のライフプラン　東京都　岡田真由美さん

自分が死んだあとの妻の暮らしを気遣い続けた夫についてお便りを寄せてくれたのは、東京都町田市に暮らす岡田真由美さん。２０１５年3月、夫の誠さんをがんで亡くした。66歳だった。

亡くなるまでの日々、誠さんは真由美さんあてに一冊のノートを書き続けた。お金のこと。家のメンテナンスのこと。生活の事務的な手続きひとつひとつから、自分が死んだあとの人生で大事にしてほしいことまでそこには記されていた。

真由美さんのお便りにはこう記されていた。

「左顎下腺癌《がっかせん》、ステージⅣ期。リンパに転移有りと告げられたときから、主人は死を目の前に置き人生を終い始めました」

「そんな主人に『死ぬことばかり考えてないで！』と泣きながら訴えました。主人は『おまえはそう思えるかもしれない』と優しく答えるだけでした」

誠さんの「人生の終い方」とはいったいどんなものだったのだろうか。

真由美さんが誠さんと結婚したのは21歳のとき。ふたりは同郷の出身。同じ高校を卒業し、ともに東京で働いていた。高校時代にはおたがいのことを特別意識したわけではなかったが、帰省のタイミングが重なったある年、誠さんがひと目惚れ。ラブレターを渡したことから交際が始まり、結婚にいたった。

誠さんは大手タクシー会社の営業担当として働いていた。まもなく一男一女の子宝に恵まれ、子育てに追われる忙しくも充実した日々が始まった真由美さん。家族と一緒にすごす時間を何よりも喜びとしていた。多趣味でもなければ、友人がたくさんいる性格でもなく、休日のすごし方といえば、家族での買い物や旅行。夫やふたりの子どもといつも行動をともにしていた。

50代になると、長男・長女はそれぞれ大学院・大学に進学した。ときを同じくして、義母の介護も始まり、かつてのように家族そろって買い物や旅行に出かけることも少なくなった。そんな真由美さんを、誠さんはいつも気遣っていた。夫婦そろって外に出かけようとゴルフ教室に通い出し、ふたりの共通の趣味になった。

誠さんはマメな性格で、結婚記念日に誕生日、いつもケーキと花を買ってお祝いしてくれた。真由美さんはそのたびに、夫とすごせる日々に幸せを感じたという。義母を看取り、誠さんも定年退職。これからはふたりで穏やかな日々を送ろう。がんの告知は、そう話していた矢先のことだった。

2014年の年明けごろ、誠さんはリンパが腫《は》れていることに気づいた。近所の病院に行くとただの風邪だと診断されるが、なかなか腫れがひかず総合病院で精密検査を受けた。結果はステージⅣのがん。痛みなどの自覚症状はなかった。

翌月には手術を受け、放射線治療が始まった。抗がん剤治療による副作用はあるものの、在宅での治療だったため生活は普段どおり。このままふたり一緒の生活が続くと、真由美さんは思っていた。

しかし8月、検査でいくつもの影が見つかった。骨に肺、がんはあちこちに転移していた。自分たちに残されている時間はどれほどあるのか。ふたりで話し合った末、今までどおりの日常を大切にしようと、医師から「余命」は聞かないことにした。

誠さんは、家族とすごす時間を、これまで以上に大事にするようになった。

そんなある日、誠さんは一冊のノートを取り出した。生活のことは誠さんに任せっきりだった真由美さんのために、生活にかかわる実務をひとつひとつ引き継いでいこうとした。

まずはお金のこと。年金収入はどれくらいあるのか。月々の出費はどんなものがいくらくらいあるのか、詳細に記してあった。60—65歳、65—70歳、70—75歳……ライフステージごとにどのようにお金を使えば幸せに暮らせるか。さらに、誠さんは真由美さんのために闘病日記ものこした。日記には、真由美さんにあてたメッセージが記されていた。

生きがいを見つけ、にこにこ笑って暮らしてほしい。

当初、真由美さんは戸惑いを隠せなかったという。メッセージをのこそうとする夫の姿を見るたびに、夫の死を直視しなければならないからだ。ところが真由美さんの横でノートを書き続ける誠さんの姿を見るうちに、気づけばノートを書きのこすことはふたりの共同作業になっていた。これまでの人生の思い出を、ふたりでことあるごとに振り返った。

真由美さんのお便りにはこう記されている。

「『楽しかったな、おれたちの人生。充実していたよ』と笑いながら出会いのころ、子どもたちのこと、仕事の話などいっぱい語り合いました」

このころ、誠さんがくり返し真由美さんに語りかけた言葉がある。

「おれがいなくなっても幸せに暮らしてくれよ」

２０１５年3月29日。誠さんはこの世を去った。

夫を失った喪失感にうちひしがれた真由美さん。食べ物もろくに喉を通らない日々が続いた。そんな中で手にとったのが、夫がのこしたノートだ。

生きがいを見つけ、にこにこ笑って暮らしてほしい。

亡き夫が自分に語りかけているように感じた。

秋から陶芸教室に通い始め、かつて夫と一緒に通ったゴルフ教室にも行くようになった。それでも寂しさを感じるとき、真由美さんはかつて夫と散歩した道を歩いてみる。

「ここも夫と歩いたな。あそこも夫と歩いたな」自宅の周りには、思い出の場所がたくさんあるという。


今、真由美さんは夫がのこしたメッセージを胸に、前を向いていこうとしている。

「私が不幸になったら、今までのふたりの人生が台なしになってしまう気がする。主人が浮かばれないんじゃないか。主人は『充実した幸せな人生だった』と旅立った。自分もそう思って日々をすごさないと」

ひとりのこされる妻に、生きる道しるべをのこす。

そんな誠さんの「人生の終い方」だった。

取材を通して、寄せられたお便りに共通すると感じたことがひとつある。「人生の終い方」とは、それまでに生きた人生の総仕上げなのではないかということだ。「人生の終い方」を考えるということは、単に死に方を考えるということではない。それまでに生きた人生を振り返り、自分は何を大切にしてきたのかを考える。またはのこされた時間で何を大切にしたいのかを考える。そんな作業なのかもしれない。

エピローグ――視聴者に届いた「生きる力」

大号泣して本番に臨んだ樋口可南子さん

今回の番組のナレーションを担当してくれたのは、女優の樋口可南子さん。その優しくも、冷静な語り口で、おひとりおひとりの「人生の終い方」の重さ、かけがえのなさを伝えてくれた。

私たちが樋口さんにナレーションを依頼したのには理由があった。2015年6月に公開された樋口可南子さん、佐藤浩市さん出演の映画「愛を積むひと」に感銘を受けたためだ。

映画は、北海道美瑛町《びえいちょう》を舞台に、仕事を引退し、第二の人生をすごすために東京から移住してきた夫婦の心を丁寧に描いたものだ。映画の前半、北海道の美しい自然の中でゆったりとした時間をすごしていたふたり。しかし、樋口さん演じる妻が病のため急逝する。佐藤さん演じる夫はひとりのこされ自暴自棄になるのだが、妻がそんな自分を心配して亡くなる直前に手紙をのこしてくれていたことを知る。

「これからも人とのかかわりを大切に生きていってほしい」、そして「仲たがいしていた娘とやり直してほしい」……。

引き出しの中、娘のアルバムの中など、寂しくなった夫が手にしそうな、さまざまな場所にそっとしのばされている亡き妻からのメッセージに気づかされ、力を与えられて、夫は新たな人生を切り開いていく。


自分にのこされた時間がわずかだと知ったとき、誰のために何をするか。それはのこされた人に大きな変化をもたらす……。

まさに私たちが取材を進めていた「人生の終い方」と重なる内容だった。

樋口さんの演技力は言うまでもないが、妻が夫にしたためた手紙を朗読する樋口さんの声は本当に優しく穏やかで、観ている者の心に深く染み入り、佐藤さん演じる夫でなくても涙が止まらなくなってしまう。

その声は、夫を最後まで思い続ける妻の「終い方」を一層際立たせていた。

ＣＭに映画に大忙しの樋口さん。なかなかテレビ番組のナレーションを受けることはないと聞いていたが、私たちは「どうしても樋口さんにお願いしたい」と、番組の趣旨をお伝えして依頼した。

「〝人生の終い方〟ということで、このお話が来たときに、これはやらなくてはならない、内容を確認するまでもなく、必ずみんなが通る道なので、私自身それぞれの方とご家族の思いを知りたくて、すぐに参加したいと思いました」

樋口さんはナレーション当日、依頼を受けた理由についてそう話してくれた。

超高齢社会、多死社会と言われる今、ひとりひとりが自らの最期のときを考えることの大切さを伝えたいという私たちの意図に共感したという。

制作の途中段階から、台本や映像にも目を通してくださり、最後の最後まで情熱を持ってそれぞれの方の「人生の終い方」を温かく伝えてくれた。

ナレーションを収録し終わった後、樋口さんに感想をうかがうと、

「実際に映像と台本が送られてきて見たときに、あまりに切なくなってしまって、家で一

回大号泣して、それから仕事に臨みました。そのくらいに、死を間近にされた方が何人も参加してくださっていて、どんな思いでこの企画に参加されたのかなとその気持ちを思うと、本当に私自身も覚悟して、この方たちの思いを全力でお伝えしなくてはならないと、一生懸命寄り添ってナレーションをさせていただこうと思いました。

私自身も最期に何が思い浮かぶのかまだわかりません。みなさんにもぜひ考えていただきたいです」

と語った。私たち取材班も同じ思いだ。

進行役、歌丸師匠の「お手本にしたい旅立ち方」

進行役を務めてくれた桂歌丸師匠は「高座の上で死ねれば本望」と、生涯落語家としての「終い方」を語る。その一方で、今回、番組でご紹介したひとりひとりの「終い方」とそれを受けとめる家族の姿に触れて、個人として深く思うところがあったと胸のうちを明かしてくれた。

「家族に心からお礼を言って旅立たれたり、みなさん本当にご立派で、私もお手本にしなきゃならないと思いました。考えてみれば、誰にでも人生の終わりは必ずあるんですから、番組にかかわる中で、私自身も考えなきゃいけないことだと気づきました。あえて家族やなんかに言うことはないですけど、お礼は言わなきゃいけないと思います。かみさんのほうが先に逝っていれば別ですが、多分こっちが先でしょう。正直に言って、かみさんより先に逝きたいと思っています」

もともとご近所でふたりは育ち、60年連れ添った姉さん女房の冨士子さんへの感謝の思いを照れかくしもあるのか、笑いを交えて語った。

「人生の終い方」に正面から向き合い、多くの人に伝えてくださった、樋口さん、歌丸師匠に、この場を借りて、改めてお礼を申し上げたい。ありがとうございました。

たくさん笑ってすごしたい――番組への反響の数々

NHKには、番組をご覧になったさまざまな年齢の方から、予想をはるかに超える多くの声をいただいた。

自身の「終い方」、そして、これからの「生き方」を考えたという方、家族の最期を詳しく振り返りながら綴ってくださった方……。

私たちの願いどおりに、あるいはそれ以上に、強く深くメッセージを受けとめ、ご自身の立場で咀嚼《そしゃく》したり昇華したりしていただいたことを実感した。
最後にいくつかご紹介させていただきたい。

「大切な人に自分は何をのこすかと考えた。今死んだら、子どもは私の怒った顔をいちばんに思い出すかもしれない。人生の終い方なんてまだ先のことと先送りせず、私は明日、子どもたちとたくさんたくさん笑ってすごそうと決めました。明後日も1年後も10年後も。そうして人生を重ねていきたい」（30代・女性）

「闘病中も笑顔を絶やさなかった母の強さと家族への優しい気づかいに、今さらながら頭が下がる思いがした。これまで死について考えることを避けようとしてきたように思うが、確かに終い方が決まると、それに向かってのこりの人生をどう生きていくかも決まってくる。何をのこすか考えていきたい」（50代・男性）

「医師からの余命宣告や、病の知識から自ずと余命を察知するなど、死にいたるまでに考える時間が長くなっています。こうした時代には『終い方』の哲学がとても重要なのではないか。考えるきっかけになった」（70代・男性）

「初めて死を肯定的に受け止めることができたように思う。今を精一杯生きることが、自分が死んだあとのことにもつながるという終い方に説得力があった」（20代・女性）

「自分の人生をもう一度真剣に考えなければと思った。なんとなく生きて、なんとなく働いて、死んでいくだけではだめだと。悔いのない人生を送りたい」（20代・男性）

「たとえひとりで逝くことになっても、誰かに何かをのこすことはできるんだと感じた」（30代・女性）

「自分には家族がいないが、死ぬときに何をのこせるのか、のこせないとしてもどう生きたら悔いがないのだろうか、いろいろなことを考えさせられた」（40代・女性）

「親が年を重ね、自分も年を重ね、受け容れながらもどこか逃げている自分に改めて気づき涙が止まらなかった。『生きていくこと』『感謝を言葉に出していくこと』の大切さを実感した。人生を終うとき、『何を伝えるか』ではなく、日々、『心を伝えながら生きていくこと』が大切だと思った」（50代・女性）

執筆者プロフィール（五十音順）

天川恵美子　あまがわ・えみこ

１９６７年生まれ。早稲田大学第一文学部卒業。90年ＮＨＫ入局。長崎局、沖縄局、報道局社会番組部を経て現在、札幌放送局報道番組チーフ・プロデューサー。主な担当番組はＮＨＫスペシャル「長崎　映像の証言～よみがえる１１５枚のネガ～」（95年・芸術祭作品賞、モンテカルロ国際テレビ祭ゴールデンニンフ賞、放送文化基金賞本賞）、クローズアップ現代「真実を知りたい～犯罪被害者遺族の訴え～」（98年）、ＮＨＫスペシャル「沖縄　捕虜たちとの対話～ドナルド・キーンの問う日本～」（２００１年・第39回ギャラクシー奨励賞）、ＮＨＫスペシャル「インドの衝撃」（07、08年）、ＮＨＫスペシャル「産みたいのに産めない～卵子老化の衝撃～」（12年）、ＮＨＫスペシャル「狂気の戦場　ペリリュー」（14年）、ＮＨＫスペシャル「縮小ニッポンの衝撃」（16年）など。

池田誠一　いけだ・せいいち

１９７５年生まれ。京都大学法学部卒業。98年ＮＨＫ入局。熊本局、沖縄局、報道局社会部、報道局遊軍プロジェクト特別報道チームなどを経て、鹿児島放送局ニュースデスク。社会部記者として厚生労働省を担当。医療介護福祉分野、特に終末期医療や在宅医療、看取りの現場を取材。主な担当番組はＮＨＫスペシャル「介護保険が『使えない』～10年目の検証～」（２００９年）、ＮＨＫスペシャル「消えた高齢者〝無縁社会〟の闇」（10年）、クローズアップ現代「シベリア抑留　終わらない戦後」（10年）、クローズアップ現代「〝最期のとき〟をどう決める～〝終末期鎮静〟めぐる葛藤～」（16年）、クローズアップ現代＋「家で最期を迎えたい～広がる在宅医療の陰で～」（17年）など。

原 拓也 はら・たくや

1981年生まれ。早稲田大学法学部卒業。2004年NHK入局。大阪局、報道局、報道局「ニュース7」、首都圏放送センター、報道局社会番組部を経て、札幌放送局。主な担当番組は、首都圏スペシャル「あなたらしい老後と死は？～無縁社会の中で～」（12年）、NHKスペシャル「終《つい》の住処《すみか》はどこに　老人漂流社会」（13年）、NHKスペシャル「〝助けて〟と言えない～孤立する認知症高齢者～」（13年・第51回ギャラクシー選奨）、NHKスペシャル「あの日から3年　被災地　こころの軌跡～遺族たちの歳月～」（14年）、NHKスペシャル「〝老後破産〟の現実」（14年・第52回ギャラクシー選奨）など。

堀内健太 ほりうち・けんた

1989年生まれ。東京大学経済学部卒業。2012年NHK入局。徳島放送局。主な担当番組はクローズアップ現代「小説に命を刻んだ～山崎豊子 最期の日々～」（13年）、ドキュメントしこく「ふたりのゆず畑」（15年）、「目撃！日本列島『九軍神～残された家族の空白～』」（15年）、小さな旅「ソラは風に包まれて～徳島県 つるぎ町～」（16年）など。

NHKスペシャル「人生の終い方」制作スタッフ

番組進行　桂 歌丸
語り　樋口可南子
資料提供　水木プロダクション
協力　横浜にぎわい座
声の出演　青二プロ
撮影　森川健史
照明　谷津 肇
音声　吉田秀樹
映像技師　島根幸宏
音響効果　定本正治
取材　池田誠一
編集　増渕俊満
ディレクター　原 拓也
　堀内健太
制作統括　天川恵美子
　福田和代

人生《じんせい》の終《しま》い方《かた》

自分《じぶん》と大切《たいせつ》な人《ひと》のためにできること

二〇一七年五月二三日　第一刷発行

著者　ＮＨＫスペシャル取材班《しゅざいはん》

発行者　鈴木　哲

写真提供　ＮＨＫ

発行所　株式会社講談社
〒一一二―八〇〇一
東京都文京区音羽二―一二―二一
電話　出版（〇三）五三九五―三五二二
販売（〇三）五三九五―四四一五
業務（〇三）五三九五―三六一五

印刷所　慶昌堂印刷株式会社

製本所　株式会社国宝社

ISBN978-4-06-220614-3